本书系山西经济社会发展重大课题（编号：ZDA201610）结项成果。

顾　问：钱永刚　　张光鉴

课题组组长：刘晓丽

课题组副组长：张雪莲　　李国祥

课题组成员：周芳玲　　马　敏　　刘碧田
　　　　　　马　君　　常　瑞　　马绍明

钱学森

与相似论研究访谈

QIAN XUESEN

YU XIANGSILUN YANJIU FANGTAN

刘晓丽 等 著

人民出版社

写在前面

　　相似论是用辩证唯物主义的观点对客观世界中大量存在的相似现象和原理进行探讨，并从这个角度来研究客观事物和人类思维发展过程中的有关问题，以提高人类对科学技术工作的认识水平。相似问题属于思维科学的范畴，科学家钱学森在《系统科学、思维科学与人体科学》一文中提出要建立"思维科学"。

　　在钱学森同志指导下，以山西省社科院思维所① 第一任所长张光鉴为代表的相似论研究者，将"相似性在科学、技术、思维发展中的重要作用"研究逐步扩展到对自然界、教育、文学、哲学、经济、传统文化同与变异的相似创新规律方面的探讨，并提出了相似运动、相似联系、相似创造三条规律，涉及人的教育与学习中的认识论、方法论和本体论的基本观点。

　　"钱学森与相似论研究访谈"是山西经济社会发展重大项目。本项目通过相似论创立至今研究者在教育学、文学、哲学、经济学、传统文化、人文生态等领域的理论研究与教学实践，梳理了20世纪80年代至今相似论在上述领域的发展脉络。在此基础上，项目组成员经过艰苦的文本资料搜集，结合口述访谈资料，写出了深度论述相似论的研究成果。

　　思维科学中的相似论，既属于科学范畴，又属于思维范畴。相似论

---

① 原名为山西省社会科学院思维科学研究所，2012年更名为思维科学与教育研究所。本书简称"思维所"。

运用了大跨度联想，有了联想，就可能会出现猜想、设想，创新从设想里出来。相似论是深度学习、创新思维的重要策源地，是理论与实践完美结合的新型交叉学科。相似论理论尚不成熟，实践有待进一步深化，因此，相似论的发展空间很大。我们相信，在理论研究者和实践从事者的不断努力下，相似论会有更为广阔的发展前景。

目　录

下 编 相似论研究

上　编
人物访谈

张光鉴访谈

[题　记]

　　钱老说："你的那篇文章是在研究人如何利用相似性搞创造，比他们搞技术高一个层次。我给你个建议：你不要论相似，论相似是小玩意儿，哪个不是相似性？我的风洞试验、水坝，那都是相似性。你这个是要把相似性变为思维科学，你这篇文章是思维科学的。所以你要把'论相似'颠过来，叫相似论。"

[访谈信息]

　　访谈者：刘晓丽、李国祥

　　受访者：张光鉴

　　访谈时间：2016 年 6 月 8—10 日

　　访谈地点：山西省社会科学院思维科学与教育研究所原办公室

　　录音整理及文稿编写：李国祥

[张光鉴简介]

　　张光鉴，1934 年生，四川成都人。1953 年毕业于成都市第二工业学校（成都工业学院前身）。1959 年加入中国共产党。曾任山西省社会科学院思维科学研究所所长，研究员，是我国思维科学的学科带头人，"相似论"的创立者；担任中国思维科学学会筹备组组长、教育部重点科研课题"科学教育"江苏省专家组组长、教育部重点课题"开发儿童少年潜能"课题首席专家；第六届、第七届、第八届全国人大代表。曾

张光鉴（张光鉴供图）

获"全国劳动模范""全国优秀科技工作者""国家级有突出贡献的中青年专家""五一劳动奖章"，以及"山西省优秀科学家"等光荣称号，享受国务院特殊津贴，受到朱镕基、邹家华等党和国家领导人接见。在《光明日报》《思维科学》《国防科技情报》等报刊发表多篇关于相似论的论文，出版专著《相似论——思维科学的新理论》。

一、新华化工厂的工作经历与相似性思想的萌芽

（一）早年工作经历

我简单说说我早年的工作经历吧。我是学自动控制的，我的母校是陈毅元帅的母校，现在叫作成都工业学院，原来是兵器部管理的成都市第二工业学校。我毕业后就分配到太原908厂，也就是现在的新华化工厂。刚到厂里，领导就让我负责全厂的自动控制机器的仪器、仪表。那时厂里的设备都是苏联援建的，一共156项设备，主要是用来做防放

射、防细菌、防毒仪器的。本来这个厂是越靠近北京越好，苏联专家说北京没有煤，运输煤会把北京污染了。怎么办？后选在张家口，但张家口煤的质量不好，最后又因大同煤的质量好，就将厂址选在了太原（选厂经过了两年）。我经历了工厂选址、定址、基建、生产的全部过程。我从 1953 年毕业就到了新华化工厂，一直到 1985 年正式调到山西省社科院。

相似性思想的萌芽与我在新华化工厂的工作经历密切相关。我记得一个事。举个例子，当时，我在新华化工厂工作，苏联援建的设备来了，安装图却没有来。苏联在防原子弹放射性的仪器方面是拔尖的。如果说潜艇上的空气被污染了，那么潜水员很快就会得病。所以说，我们军队指挥所都需要防毒面具，这种防毒面具都要过滤，不仅没有毒，而且一定没有放射性。制造这种防毒面具的仪器大概 1956—1957 年就引进来了，但是安装图、说明书都没有。那时，这种图纸是要通过保密的渠道来发的，苏联的保密情况是很严格的，保密文件要通过二机部的渠道转给我们，而我们属于五机部，时间比较长。但是有放射性尘埃的材料却要尽快经过这个仪器实验，所以很需要生产这种防毒面具的设备。当时，新华化工厂的苏联专家是太原市苏联专家组组长。那时，太原市唯一的一辆奔驰车来接送他。专门负责我们厂的苏联专家大概来了三四个吧，苏联专家问我们厂长、总工说："你们哪个管仪器、仪表？"他们说："张光鉴。"我去了以后，他问我："这个仪器你能不能安装呀？"我就问："安装图、说明书呢？"他说："NO。"我说："没有图，我根据什么安装呀？"他听了以后也呆了，说："那我给你画一个草图吧。"其实他画的是一个原理图。比如说，哪些仪器是测量阻力的，怎么测量放射性、怎么测量流量、怎么测量阻力，每个机器都各有各的测量的东西。他画好草图给我，我看了以后说："行了，我先给你画一个安装图吧；你对这个比较熟悉，你看行不行。"于是我画了一个安装图，经过他同意后，按照我画的安装图开始安装机器。随后苏联的安装图来了，我画的安装图与其百分之九十是一样的。最后他问我："你是不是去过苏联呀？"我说："我刚毕业不久，哪去过苏联呀？"他说："没有去过，你怎么这么熟悉呀！"实际上这些都是我在学校学的东西。我以前经常玩这些东西，研究这个东西就不费劲儿。

（二）务实的科研精神

我的学校历史悠久，是 1913 年创立的，在成都很有名气，还是陈毅元帅的母校。那时，每年 2000 多人报考，只有机械、自动化、化学三个专业，一共 300 多人考上，要刷掉 80% 以上。那时我们上学是公费，吃住全部公费。当时我们校长姓王，他是四川省政协委员，是老教师，也是原来四川实事中学的校长。他调到我们学校后，就把出国回来的一些技术人员请到我们学校教书。我们学校的老师很了不起，既有理论又有实践，教的东西都很实用。比如，教我们仪表电器的是当时发电厂的总工，注重理论和实践。还有，我们学校有实验室，学航空的还有飞机呢。学校现在是教育部爱国主义教育基地，有陈毅元帅的展览室，占一层楼。当时我们学校的学生穿着都很简朴。有个顺口溜："没有星期天，只有星期七。"大家都是主动学习。举个例子，学数学的人都能把变压器的公式默写出来，跟学变压器、学自动控制的人熟悉程度一模一样。所以说，当时我们学校培养出来的学生普遍都具有务实精神。

这种务实精神激发我上学、工作后不断学习。在新华化工厂时，苏联专家还一直说我很熟悉他们的仪器，我想与我的务实精神有密切关系。所以说，在教育的关键期，要注重实践，在实践中获得的东西越多越好。"纸上得来终觉浅，绝知此事要躬行"说的就是这个道理。没有实践，光有理论，不行。

（三）相似性思想萌芽

关于相似性思想的萌芽，我可以举一个例子。有一次，我们厂里用的苏联数控机床坏了，这个机床在当时是最现代化的机床，机床的设计者还获得过斯大林奖金。说明书上说了，要修数控机床，要到苏联的斯维尔德洛夫（音译）工厂学习三个月，要不然不能动手。所以厂里领导跟我说："张光鉴，你是学自动化的，你给修一修。"我说："我修一修？苏联的高级设备修不好是要坐监牢的。"厂里领导又说："你是我们厂的宝贝，哪能坐监牢呢？"我说："不一定。我听说，247厂起火了，一些设备也着火了，其中有个设备不能用水浇，可是当时有人就用水浇了，一下子就爆炸了。厂里说他搞破坏，坐了三年监牢。"我接着说："最好能去苏联一趟，哪怕十天也好。"厂里领导说："不行，你一去一回得一个多月，我们还等着用机床加工模具呢。"我说："苏联专家组专家管200多人，他说不让动，你让我动，出了事情怎么办？"后来，苏联专家组组长找了一个多星期，没有一个人会修。最后厂长说："它坏了么，死马当活马医；你放心修吧，我们给你保证。"随后，我把机床解剖了，它的原理图、组装图等图纸很全。后来经过检查，我发现它有并发症，不止一个方面出了问题，电力放大机、低频器等都有问题。于是，我一个部件一个部件修，不到三四天就修好了。苏联专家说："哪个是专家？张工，张光鉴就是专家。"后来，他们倒请我去迎泽宾馆吃饭。那是1959年，正是困难的时候。苏联专家跟我说："迎泽宾馆又有鱼子酱，又有蟹肉罐头，非常好吃。"其实，那个鱼子酱跟吃鱼骨头一样，咬起来干巴直响，难吃得很。蟹肉罐头跟中国的味道是两码事。后来我就悟出来了：原来好不好吃是跟他的习惯具有相似性呀。

现在想想，那时我已经有了相似性思想的萌芽了，因为我在工作上遇到什么事情都能自动想到相似性。我再说一个事情。以前，太原的有轨电车，都是从北京买的，买了10多辆。电车运行后，出现问题了：在尖草坪电车还开得好好的，到了文化宫后电车就坏了。后来太原电车公司的人把北京电车公司的总工叫来，说你们的电车总出问题。北京电车公司的人说，我们的出口标准、电器标准都是合格的；而且你们电车在尖草坪开得好好的，为什么到了这里就不好了？跟我们没关系。当时，太原电车公司的总工是成都人，我那时是太原市电气专家协作组组长。他跟我说："老兄，你虽然是搞仪表的，你能不能给我修修电器、电车呢？"我说："我哪能修得了呢？"他说："人家都说你脑袋瓜好使，是协作组组长呢。"我说："我来看一看吧。"随后，我去看了之后说："你们那个文化宫跟尖草坪用的是不是不同的变电所？"他说："对对对，是的。"我说："那么你们的整流器是水冷却，用的是自来水，还是蒸馏水？"他说："尖草坪用的是蒸馏水，特别贵；文化宫用的是自来水。"我说："可能就是这个问题，这两个电流不匹配。"他就不相信，他的言外之意是你能比北京电车公司的总工还聪明？他说："我再跟你说个情况。这个电车，天气好的时候，就容易电到人；下雨的时候就没事。"我说："下雨的时候12个轱辘都是湿的，就是12个走动的地线；天气晴的时候，地线消失了，电车就带电，容易电人。"所以当时的电车接电线的时候都是套管，就是害怕电到人。他对我的说法不相信。我说："我给你装个仪器，这个仪器会自动平衡电流。"后来我给他组装了个自动平衡的仪器。做了以后，他拿去用上，问题迎刃而解。他说："张工，你真了不起，比北京电车公司的总工都厉害。"那为什么我有这个想法呢？实际上这个想法最初来自我以前的一个经历。那时，我们厂里从苏联进口了缝焊机，这个机器就是把两块铁皮压起来自动焊在一起的机器，它也需要蒸馏水冷却。我觉得蒸馏水太麻烦、太贵，用自来水试一试。随后我就换了自来水，一修理，它就把我电了下。我发现这个玩意儿不能换自来水，只能用蒸馏水。所以这个也是相似性。虽然缝焊机和电车是两个东西，但电我这个事情是一致的、相似的。我的脑袋里不断地琢磨这个相似性的事情，举一反三，触类旁通。我虽然没搞过电车，但我弄过整流管这一套东西。它为什么要用这些呢？因为电流很大，必须用水冷却或者空气冷却。它们两者之间具有相似的一面。

（四）参加课题研究

再说说我在新华化工厂的事儿。那时，我们厂是五机部的计算机自动控制试点单位，我是试点的负责人，当时给我 500 万元作为课题经费。要知道，1978 年的 500 万元，相当于现在的几千万元了。这个课题是我们厂跟北京工业学院（现北京理工大学）联合起来搞的。原来他们自己搞这个课题研究，就没有完成，我们这个联合课题组成立后，原来做这项研究的人全部撤走了，让我一个人留下专门搞。留下来以后，我就感觉一台国产计算机连续转 72 个小时哪能行呢？所以我跟部里说："非要双机并行不可。这个坏了，那个自动接上；那个坏了，这个自动接上。因此，还需要买一台计算机。"部里的领导说："那行，你说了算。"那时，一台计算机要 50 万元。当时部里给我订的计算机在苏州，我后来到苏州待了 1 个月，就是去考察到底哪台计算机好。当时，我选择了一台计算机，这机器从安装、调试，我一直都在，都熟悉。这台计算机平常运行一直很稳定，我很中意这台机器，但是验收时 72 个小时运转出问题了。我就百思不得其解：在这里待了 1 个月，好不容易选定的这台计算机，竟然出毛病了。后来我一想，毛病肯定不是在集成电路上，肯定是在哪个机件上，机件跟电路的匹配有问题。当时计算机厂的工程师忙活了一两天没解决。我说："我来试一试。"他们说："行，弄坏了你负责。"没有 15 分钟，解决了。为什么？主要原因是停电后计算机一个小开关接触不良，把这个开关一换就没问题了。所以，苏州电子计算机厂的人说："你虽然没有搞计算机，但你比我们搞计算机的人还厉害。"后来，我想，虽然我没有学过计算机，也不熟悉苏联数控机床，但一些基本原理我都懂；我在具体分析的时候，自然会运用到这些原理，这实际上也是相似性。

到了 1979 年，那时计算机也验收了，我把计算机的运行范围从 30 公里扩大到 50 公里，我在国防科工委可以控制我们厂的设备生产。我们厂因此获得了国防科工委一等奖，我也因此被评为全国劳动模范。这个全国劳动模范含金量很高，也很难评上。当时，全山西兵工系统有30多万工人，全国劳模名额有限，不是说你想评就评。我的劳动模范的奖章还是谭震林亲自给我戴上的。我记得，谭震林跟我说："张光鉴，你搞技术，不要搞革命。"

（五）参加北戴河会议

20世纪80年代初，我参加了一次北戴河会议，在会议上交了一篇文章，题目是《论相似性在科学技术思维中的重要作用》。这篇文章是在赵雨亭①的建议下写的，一共写了两万多字。那次北戴河会议主要是研究怎么能够完成某型坦克的研究任务。我不懂，我在兵器部待了30多年，我就知道当时大同坦克厂用的是苏联的设备。我们当时试制的坦克马力只有苏联的一半，所以你想在这么短时间内完成这个任务，难度很大。因为我们工程领域的都知道，只要这个机器能有25%的改进，这就是很了不起的成果了。哪能够翻一番？怎么能达到50%甚至100%？我当时在会上说，某型坦克的发动机，616厂②的设备怎么短时间就能造出来呢？估计很难完成。当时说这些话就挨批评了。晚上，616厂的总设计师到我的住处来，说："张工，你今天说的话很实在，我们也知道很难搞，但是必须搞。你这个文章是方法论，又是说的实际情况，你还了解我们厂。你最好把这个文章交给钱学森。可能钱老能够认你这个文章。"

（六）初识钱学森

当时，616厂的人非要让我把文章交给钱老，我还不乐意。我说："我上午都挨批评了，再交给钱学森，更要挨批评。"中央军委的决定肯

---

① 赵雨亭（1917—2008），山西平定人，曾任中共山西省委书记、山西省政协副主席、中共山西省顾问委员会副主任等职。

② 现为北方通用动力集团有限公司。

定跟钱学森有关，我心里这么想。我说："我要回去了，计算机还在运转呢。"国防科工委科技司的人说："你不能回，你必须把这个会议开完。"开完会后三天，钱学森的秘书王寿云①给我打电话。王寿云也是四川人。当时，我已经从北戴河开完会回到厂里了。王秘书先是打电话到我们厂里，厂里又打到我们车间。我们车间那时叫计算机车间，我是车间主任。王秘书问："张工，你是不是在北戴河会议上发了一篇文章。"我说："是。"王秘书说："你赶快把工作交代一下，钱老有好多话要跟你说。"这个事儿不知道怎么让当时的老科委主任李光耀知道了。他派省科委的一个副主任专门坐汽车到我家问我："听说钱老喊你到北京谈话。"我说："是的，让我赶快把工作交代一下。"他又问："谈什么？"我说："在北戴河开会时，我说某型坦克要在短时间内搞成是不可能的，不是一两年工夫能弄成的。"

后来，我去北京见到钱老，他就从早上 8 点多谈到 11 点 45 分，一共 3 个半小时还多。钱老说："你的文章我看到了，是关于思维科学的

张光鉴（左）初次见到钱学森（右）（张光鉴供图）

① 王寿云，四川自贡人，1965—1982 年任钱学森秘书。

论文。"接着他从我的文章说起，先说相似性，美国、英国、苏联、德国怎么搞的，科学技术领域相似定理 1、相似定理 2、相似定理 3 等。钱老说："人家国外研究相似性在科学技术上的运用已经七八十年了，你再研究科学技术的相似性是不行的，绝对干不过人家。"我说："我不是要干过人家。"钱老又说："你的那篇文章是在研究人如何利用相似性搞创造，比他们搞技术高一个层次。我给你个建议：你不要论相似，论相似是小玩意儿，哪个不是相似性？我的风洞试验、水坝，那都是相似性。你这个是要把相似性变为思维科学，你这篇文章是思维科学的。所以你要把'论相似'颠过来，叫相似论。"当时我吓了一跳，我说："钱老，您是大科学家，我是小兵，怎么能弄得了相似论呢？""论相似"和"相似论"是两个概念，我知道这个事情是个大事。钱老说："不，就是你干。"钱老有个特点，逼着你上梁山，他对年轻人恨铁不成钢。钱老说："你回去把计算机的事儿交代了。年轻人多得很嘛，北大的、清华的、交大的、哈工大的，交给他们干吧。"他问我："你们那里搞计算机的人有几个？"我说："七八个。"他说："交给他们干吧。"当时，五机部科技司的人也去了，把钱老的话记了两万多字，交给当时的五机部部长。回来后他们说：按照钱老指示办。随后五机部的人又给新华化工厂打电话，说："计算机的事儿喊年轻人干，钱老要张光鉴到北京来搞思维科学筹备的事儿。"

那时是 1982 年。按照钱老指示，我从北京回到太原安排新华化工厂的工作。又是李光耀听说我要去北京的事情。他来我家问我："听说钱老要把你弄到北京去，批评你没有？"我说："没有，压根没有提某型坦克的事情。"我估计他也知道这个事情干不成。因为当时重大事项是举手表决，他一个人哪能决定，他对飞机最清楚了。当时钱老根本不说这个事儿，不提某型坦克这个事儿。随后，当时山西兵器工业的负责人说，"幸亏是交给钱老了，要交给其他人你就吃家伙了"。所以，我发现钱老这个人就是这样实事求是。

（七）向钱老学习

之后的四五年我就专门跟着钱老工作和学习，主要做了几个方面的工作。钱老有个名单，里面有四五十个人。他让我一个人一个人联系，谈关于思维科学的事情。他有一篇关于思维科学的文章大概有两万字，主要是他在思维科学学会上的讲话，征求那些人的意见。那些人都是一些高层次的学者，比如美学家李泽厚、华东师大的搞认知科学的系主任胡寄南①，还有中国科学院戴汝为②院士等。我征求意见，并记录下来，汇报给钱老后分别反馈。当时，胡寄南还说，原来认知科学都是研究猴子、老鼠、兔子的，看来钱老的思维科学就是研究人的。后来我跟钱老汇报，钱老说："对，研究猴子、老鼠不是研究思维科学。"李泽厚对形象思维有什么观点我都汇报了。现在想想，如果我一直在新华化工厂，就不可能接触心理学、哲学方面的东西。"听君一席话，胜读十年书。"这句话原来只是说说，现在体会很深。没有人点拨，我哪能去研究这个？所以说，相似论的重组与创造，就是钱老说的大成智慧，就是要把有智慧的人结合起来。钱老晚年说要研究微观、秒观、宏观、宇观，实际上是把哲学与自然科学的东西结合起来。研究量子力学，就是秒观，电子之类的就是微观，研究核物理的就是宏观。我这几年研究人的大脑，就是研究秒观、微观。以后要把这些研究的成果与相似性匹配起来，进一步深入研究。

---

① 胡寄南（1905—1989），祖籍安徽黄山，著名心理学家，先后任复旦大学、华东师范大学教授。
② 戴汝为，云南石屏人，中科院院士。长期从事自动控制、系统科学、思维科学、模式识别、人工智能等方面的研究。

二、在钱学森关怀下创建山西省社科院思维科学研究所

（一）成立山西省社科院思维所

1985 年初，我从新华化工厂调入山西省社科院工作。我来社科院工作，与刘贯文院长、陈家骥副院长关系很大。当时，他们去北京参加思维科学大会，专门跟钱老谈了半个小时。钱老问："你们是不是要搞思维科学？"刘贯文当时表态说，"是的，我们要搞好思维科学研究，还要出《思维科学》杂志"。他的意思是这样才能把人才聚到我那里。刘贯文他们从北京回来后，就着手谋划成立思维所的事情。新华化工厂很多人知道我要去社科院，就都过来劝我："张光鉴你是搞硬科学的，你去钱老那里是扬短避长；你的长处你不干，非要搞软科学。"我说："钱老非要让我去，我也没办法。"当时，成立思维所也有省国防科工委参与。当时的省国防科工委主任李光耀问："你搞思维科学，你需要什么？"我说："很多东西我都不懂，空气动力学、哲学等，需要买书。"那时，哲学方法论全国搞得比我高明的人多得是，我差远了。他说："你需要多少本书？"我说："至少上百本吧。"李光耀又问我："你要多少钱？"我说："可能好几千上万吧。"我想着领导亲自到家里来问这个事儿，说明很重视，就想着多要些。他又问："你还需要什么？"我说："我到山西省图书馆、山西大学查资料，骑自行车到那里估计人家都下班了，我需要摩托车。"那时我有摩托车驾驶证。李光耀眼睛也不眨地说："行了。"没有三天，给了我两万块钱，其中 1 万元买书；摩托车也买好了，3500 元，进口的 X100 摩托车，正宗日本货。当时太原市进口了 12 辆，有 1 辆就给了我。省科委的人说："叫你们的财务科科长来签字，让他直接骑回去。"当时，我还在新华化工厂，厂里人说："张光鉴鸟枪换炮了，自行车变成摩托车了。"这个车是奖励我的，后来社科院

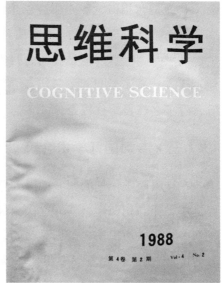

《思维科学》杂志（李国祥供图）

成立，我就带到社科院了。

在钱老的支持下，我们所还办了全国性的《思维科学》杂志，高士其① 专门写了文章。他说："张光鉴的相似论已经不是单纯地在科技层面上了，已经上升到哲学的高度。"他还鼓励我们思维所的人继续干，说："相似性没有完，还需要继续努力干下去。"现在看，高士其的文章，很在行，很有意义。我认为，高老已经把我们的东西上升为哲学。

（二）见到朱镕基同志

我与朱镕基同志见面还是我在参加全国人大会议的时候。当时，我是全国人大代表。朱镕基同志接见山西代表团，讨论山西煤炭的事情。山西代表团提出要国家补助，朱镕基同志说听听大家意见。趁这个机

---

① 高士其，福建福州人，中国著名科学家、科普作家和社会活动家，中国科普事业的先驱和奠基人。

会，我就把《相似论》一书交给朱镕基同志说："马老让我把这本书给您，请您批评指导。"他问哪个马老？我说："马洪①。"他说："你怎么认识马洪？"我说："他是我们山西代表团的人大代表，我们一个组的。"他不表态，看了看目录，笑着说："你这个书涉及挺广的，我回去先看看，看了之后再给你提意见。"

（三）参加国际学术会议"一鸣惊人"

在社科院工作期间，我曾经到莫斯科大学参加过国际学术会议，主要是谈类比与相似性。谈起这次会议还有一个小插曲，我和当时的思维所副所长张铁声出发之前去见钱老，汇报我们去莫斯科开会。钱老开玩笑地说："出去开会不要多跟他们谈我们研究的成果，每次去开会说一点就可以了。说的那一点，就足够让他们惊讶了。"我和张铁声听完都

张光鉴（左）与张铁声（右）赴莫斯科大学参加国际学术会议（张铁声供图）

---

① 马洪，山西定襄人，中国经济学家，曾任中国社会科学院院长、国务院发展研究中心主任等职。

哈哈笑，知道钱老是在开玩笑。钱老说，我们中国人大部分都比外国人聪明。随后在莫斯科大学的国际学术会议上，我作了 25 分钟的学术报告。莫斯科大学心理学系主任维利奇科夫斯基说："Your report is very good, thank you , thank you and thank you."随后，全场响起了经久不息的掌声。张铁声跟我开玩笑地说："我们今天实现了钱老的'我们中国人不比他们笨'的目标了。"这次会议后，瑞典、英国都请过我们去作报告。那时，我们思维所在全国还是有一定影响的。现在我们必须要实干，不弄虚的。只要我们每个人都发挥各自专长，发挥各自优势，研究相似性，那么研究必然会持续下去。

三、相似论研究的进一步深化和发展

（一）相似论研究进一步深化

20 世纪 90 年代初，中国社科院的李景源研究员就开始研究相似论，并且把相似论提高到哲学的高度。思维所为什么受到钱学森重视？怎么会重视相似性的？怎么把论相似变成相似论？这是重要的。我念一段钱学森的原话，论述形象思维和相似论的，是正式发表的："关于形象思维，文艺理论家谈的最多，也有不少引人入胜的见解。科学技术人员一般不提什么是形象思维和直感思维。只有少数有成就的科学家在说到科学方法时讲这个问题。文艺家和科学家的议论都近乎思辨的性质，对我们有启发，但有待深化。是张光鉴同志对形象思维做了有意义的探索。他归纳了大量人的创造过程，提出相似的观点。当然相似和不相似、相异是辩证的统一。相似的观点和相似论对说明形象思维在科学技术工程中的重要性很有价值。"相似论也是钱老在论相似的基础上积淀了很多年的成果。他把这个成果都推到我身上，所以说这些大科学家是很谦虚的，有意支持年轻人。所以钱老继续说："然而，要进一步深入下去，建立科学理论，建立形象直感思维学，就困难了。"为什么我研究相似论几十年？因为"这里的相似不是集合合力的相似，那里的形象相似比较单纯，用数理逻辑就足够了。这里不然，这里的相似要从一大堆不怎么准确的现象中梳理出准确的相似来"。这就是钱老关于形象思维和相似论的论述。这一段话，实际上就说明我们的相似性在形象思维、创造性思维中的作用，但是要进一步深化研究。我研究了38年，研究三个字：相似性，真正离钱学森的相似论还很遥远。我的专著《相似论》是1992年出版的，获得了"中国图书奖"。我第一次见钱学森是1982年。1982年到1992年，10年工夫，才出了《相似论》这本书。当时，我把这本书交给钱老，他说："获奖了。"我说："是。"当时我是这样看的，钱老关于思维科学、形象思维实际上是要从自然界的规律、人的规律、社会的规律，把它归结为相似联系、相似运动、相似创造与重组。钱学森把相似论看作是自然界的运动规律，是人的大脑中创造的规律，也是社会发展的规律。所以钱学森把这个事情交给我，我当时不明白，心

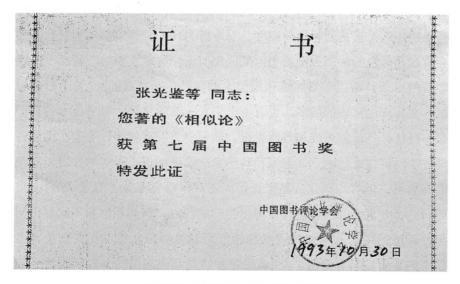

证　书

张光鉴等 同志：

您著的《相似论》

获 第 七 届 中 国 图 书 奖

特发此证

中国图书评论学会

1993年10月30日

《相似论》获奖证书（张光鉴供图）

里想我估计一辈子都不行。钱学森说："就交给你，我看你行。"我说："钱老，您看得起我，我给您跑腿。"钱老说："不，就是你搞。"所以说，钱老唯恐年轻人不上进，双手把你扶上去，还要说是你的成果。这就是大科学家的气派。

我们进一步讨论，就是钱老心目中的形象思维跟相似性是什么关系？这个我们要弄清楚。1992年以后，相似论中的相似联系、相似运动、相似创造与重组等规律在自然科学、教育科学、脑科学的研究中都有了较大进展。钱老说，相似性已经在工程技术中运用了100多年了，但是他们没有从工程技术上升到认识论、方法论和哲学的高度。比如，飞机原来是波音707、波音737、波音747，现在到波音777了，都是在原有的基础上不断地变异前进。计算机从奔1、奔2、奔3变到多核，原来的计算机就是只能加减乘除，现在什么东西都能够完成。这个电脑不是跟大脑相似了么？还有原来的加减乘除变为语义、符号，这也是相似性，一个是搞大脑的相似性，一个是搞计算的相似性。现在的计算变为人工智能，实际上是把大脑和计算机结合起来。电脑可以跟人一起下棋了，已经超过人脑了。但是这个电脑只是人脑的局部，要达到人脑的智慧，还远得很。但是有一点必须看到：电脑是人脑的相似性。这里我们需要明白的是，所谓"相似"，就是"同与变异"，不是同与差异。"变异"就是自然的运动，重组就是发展创造。相似性不是形容词，是动词，是相似联系、相似运动、相似创造与重组，全是动词，没有一个是形容词。比如，从类人猿变成人，不是比较的结果，是自然界从低级到高级进化的结果。我在人民大学作讲座，有人向我提问：张教授，你这不是比较论吗？我说，比较与相似的差异，关键就在于相似性；相似性作为形容词，就重在比较；如果作为自然界运动、发展的规律，就是动词。而变为相似论，既是动词又是名词。钱学森要把相似论作为自然科学、社会科学、思维科学的总规律。这就不是动词的问题，而是研究这种现象的本体论、方法论。这是钱学森跟我讲了多次的结果。

现在我说的，都是在 1978 年之后根据他的想法和我在实践中积累的成果、经验融会贯通的。钱老要把论相似变成相似论。我的观点在思维科学会议上老早就说过了，但是没人认可。搞计算机的认为，我不是什么计算机专家；搞教育的说，他什么时候学过教育；社会科学家说，他哪学过哲学呢？但是钱学森关于相似论的思想是哲学的高峰，是认识论和方法论。实际上，控制论、系统论、信息论都是方法论。你怎么能够统一起来？信息、能源、物质，这就是钱学森的开放复杂的巨系统的一个观点。所以说，钱学森的很多观点，我们都必须要深入研究下去。

（二）探究"相似块"

我们再说说"相似块"。"相似块"是大脑中记忆的模块。我们的生活、经验、学习造成我们大脑中的永久记忆，永久记忆是个模式。这个事件我们叫作"相似块"。文学作品中，这种运用"相似块"搞创作的现象比较明显。比如，《红楼梦》的作者是曹雪芹，他写的《红楼梦》就是他本身的事件记忆。康熙、乾隆下江南好多次，都由曹雪芹家族负责接待。曹寅是当时江南织造的总管，他的家族与皇帝有千丝万缕的关系；后来曹家被抄家，走向没落。《红楼梦》中写的很多事情，都是当时曹雪芹的切身经历。这些都说明，每个人的生活实践在大脑中形成的永久性记忆，就是"相似块"。再比如，我的"相似性"概念是从几十年的劳动经验中总结出来的。人的大脑中没有记忆，或者电脑中没有内存，那就什么也不能干。相似性的记忆是很重要的，人的经验、记忆实际上就是相似块不断积累的结果。西蒙说，一个科学家要在大脑中存20 万个模块结构。人知道的事情越多，积累的相似性就越多。生活上，相似性无处不在，比如说，凳子、桌子为什么是四个腿？汽车为什么是四个轱辘？每个人的房子都有客厅、卧室等，只是装修风格不同而已。相似论就是要把生物、化学、物理的类统一起来。只有各种学科相互交叉，才能深化人类对客观事物的认识。

"相似块"的形成，需要大量知识的积累。有了大量的知识，大脑中的相似块才能更丰富。大脑中的相似块越丰富，看待问题就越能触类旁通。我们先说相似块与学习的关系，与人类的智慧的关系。前面提到，李景源对相似论的研究，实际上就是认识到钱学森把相似块作为相似论的核心。研究相似块、相似论的人越多越好，越能形成大成智慧。

（三）"内化于心外化于行"

现在想想钱学森让我从事思维科学研究，可能就是看中我把相似性和形象思维的根儿抓住了，但是当时我不懂。现在看来，相似性就是要论述自然界运动、联系、发展的规律。比如，汽车、火车的运动为什么有相似性？老鹰在天上飞与火车运动有什么相似性？空气动力学跟汽车、火车运动有什么相似性？飞机与老鹰在天上飞有什么相似性？火车的动力来自蒸汽机也叫作外燃机，就是外部烧锅炉通过蒸汽运动，随后是内燃机。内燃机、外燃机都是由热能来提供动力的，与空气动力学的基本原理一致。老鹰飞上天也是运用了空气动力学，火车前进、后退也是作用力的相似性。作用力是由正电荷和负电荷相互作用产生的。再比如，电子的相互作用，就是光子的相似性，这个问题是爱因斯坦的光量子的基本理论。任何电子、离子都有波粒二象性，这是悖论。但实际上，对立的东西都具有相似性。这也就是辩证法的基本思想。再比如，现在人工智能已经发展到很高水平了。有的人认为，电脑最终能取代人脑。实际上，下围棋的电脑只是模仿了人的大脑的一个模块。所以，没有相似性不可能有创造，大脑中相似性的模块很重要。人的大脑中的认识如果不符合自然界的基本规律，就无法获得正确认识。再比如，科学技术的发展，给人类生活环境带来巨大破坏。科学技术在破坏人类生存的相似性的环境。相似性的问题要达到与自然界相似的环境，不能违背自然界的规律。为什么人体的体温是 36—37 度？因为只有达到这个温度，人体内的血液才能达到平衡。

（四）相似论与教育

1994 年我从省社科院退休后，还一直从事相关研究工作，特别是注重将相似论与素质教育相结合。1998 年，当时的教育部副部长韦钰把我调到东南大学，做一个教育部重点课题，题目是"科学教育与潜能开发"。我是这个课题组组长，我的分工是科学教育与相似论。这个课题的最终研究成果就是一部专著，叫作《科学教育与相似论》。还有一本书《相似与互构》，作者是高万同[①]。我们从教育的角度谈谈相似块为什么重要。教育的问题关键在于让学生记住书本上以前的经验，知道生活中的事件，一是来自于书本，一是来自于自然环境。我们的生活、知识、记忆，既有生活中的实在，又有书本上的经验。二者相加，这个经验就是相似块，就是事件记忆的模式。中国教育家陶行知，原名叫作陶知行。他自己把自己的名字"陶知行"改为了"陶行知"，意思就是先行动然后知道。行动就是实践，从实践中获得知识。他说，生活是学校，社会是学校。陶行知的教育思想来自于杜威。20 世纪 20 年代，杜威在中国 26 个月，陶行知陪同他搞讲座，深受他的影响。杜威的经验主义，陶行知的行、知，就是相似块。经验就是一种相似性的体现。光有书本上的学习，没有实践的结合，知识是不完整的。教学就是要让学生将书本知识变为实践，老师要善于把书本的知识变为经验，变得活灵活现，让学生明白。有些老师心里面有东西，讲不出来，学生最头疼。讲课时每个字节之间不能长于 200毫秒，比如，我—今—天—来—跟—你—们—说—相—似—性，这种慢语速会导致大脑中信息链间断，不方便记忆。教书的人要特别擅长

---

① 高万同，江苏灌云人，江苏省特级教师，曾任国标本苏教版小学语文教材编辑部编委，教育部基础教育课程改革南京师范大学研究中心特约研究员。

把书本的知识变为生活中的实践，方便学生学习。我们大脑中的相似块的建构过程，就是连续事件的时间的、空间的、联合的信息输入过程。大脑中的记忆，特别适合于人的经验。如果他不善于把书本生活中的事件变为大脑中的经验，这个人就没有知识；没有知识就没有知识结构，没有知识结构就没有认知能力。认知结构就是大量的相似块的结合。教育的过程就是让学生形成大量相似块，而且不累。

每个人都有差异，都有各自的兴趣，这说明每个人具有的相似块不同。比如，我在北师大作讲座，有人问：张教授，你的相似论过分强调共性，那么是不是在个性方面有些欠缺呢？我说，你说我有没有个性呢？他说，你当然有个性了，你总是在说相似块，这个就是你的个性。我说，那你不是刚才说我没有个性？这不是矛盾吗？你说得很多，我的成功、经验、失败，都在于相似性。再比如，如果自然界都是相异的，那么人就不可能产生和存在。现在高校言必称现象学，比如弗洛伊德①、胡塞尔②、海德格尔③ 等。我在复旦大学作讲座，刘放桐④ 说，你在复旦大学讲相似性，没有把你问得哑口无言，你是很幸运了。要知道，复旦大学是研究现象学的重要基地，是领军人物的重要根据地。刘放桐说，如果不知道深刻的现象学，你今天说"相似性"就没有人能听得懂。现象学就是要研究怎么从感性直觉上升到理性认识，上升到"存在之在"的那个道理。

我们进一步谈谈相似性与教育的问题。以前，学术界认为教授是主要的，其实，教授与教育有很大不同。教授中包含灌输的意思，教育就

---

① 弗洛伊德（1856—1939），奥地利精神病医师、心理学家，精神分析学派创始人。

② 胡塞尔（1859—1938），德国著名作家、哲学家，现象学的创始人。

③ 海德格尔（1889—1976），德国哲学家，存在主义哲学的创始人和主要代表之一。

④ 刘放桐，湖南桃江人，复旦大学哲学系教授，曾任中国现代外国哲学学会副理事长、顾问。

是要传授知识，主要是已有的知识和创新的知识，老师都必须要掌握两类知识的来龙去脉，这就涉及相似性的问题。相似性就是同与变异，这包含着知识发展的过程。在教学过程中，要提高学生的兴趣，就要了解学生大脑中的相似块。我举个例子，有些老师说，我教给你们的知识，全是新的，要认真听。但学生们都听不懂，都不理解。关键是老师的讲授与学生大脑中的相似块不匹配。所以说，老师的教学过程，要与班里大约80%的学生匹配，也就是说，80%左右的学生要听得懂老师所讲的知识。

（五）利用相似性解决矛盾

我们知道，没有相似性，就不会有矛盾。矛盾总是在两个事物之间产生的，世界上不存在完全相同或者完全相异的事物，世界上的任何事物在某种程度上总是相似的。同样，人与人之间的矛盾也是在相似性基础上产生的。我认为，解决矛盾的过程，就是寻找相似性的过程。比如，在香港回归谈判时，邓小平就明确指出，香港保留资本主义制度，这个可以变，但是回归祖国这个是不能变的。这实际上就要运用相似性原则。再比如，邓小平说，市场经济一定是资本主义的？计划经济一定是社会主义的？我不信这一套。邓小平将市场经济与社会主义结合起来，符合我国经济社会发展的实际。再比如，房地产涉及我国经济发展的多个行业，如果房地产出现问题，整个社会发展就会出现问题。我国房地产市场，如果生产与需求相匹配的话，就不存在泡沫的问题。从以上可以看出，矛盾的解决过程，就是寻求相似性的过程。因为相似性中包含着同与变异。

反过来说，很多人为什么不理解相似论。实际上，他们只有在自己的研究领域，才能在讨论问题时自觉地与相似论匹配，才能真正理解相似论的意义。钱老说："相似性是跨学科跨部门的理论，不是几何中间的相似性。"钱老对相似性的认识，是从哲学、工程领域总结的。为什么要把论相似变为相似论，就是这个道理。为什么李景源把相似论提升到中国马克思主义认识论的理论范畴的高度呢？任何科学都有概念范畴规律。如果一个理论的概念范畴规律不匹配，这个理论就不成立。比如，物理化学生物的范畴概念规律千差万别，实际上都是原子相似性结构功能的显现。

（六）哲学中的相似性

相似性不仅在教育学中应用很广，哲学上也在探讨相似性的问题。比如，现在哲学上关键的问题之一就是主体与客体如何统一，这实质上是认识论的问题。要谈这一问题，必然涉及哲学的基本问题，也就是唯心论与唯物论的对立问题。为什么马克思把黑格尔的绝对理念反过来就成为科学的唯物论的观点了呢？如果黑格尔的思想是绝对错误的，那么他的思想颠倒过来也是错误的。还有，列宁在黑格尔写的《逻辑学》一书上写道：黑格尔的思想中，唯物辩证法的思想最多，唯心论的思想最少。在黑格尔看来，人的大脑是自然界的产物，人的认识最后必然会符合客观。所以黑格尔的思想被称为是客观唯心主义。康德的二元论是主观唯心主义。他认为，我们只能认识现象，不能认识客观世界的本质；我们所能认识的现象，实质是人的主观认识创造的概念、范畴、判断。康德认为，我们不知道自然界是什么。胡塞尔继承了康德的主观唯心主义，创立了现象学。现象学主要研究人的大脑的认识怎么符合客观实际。但是这个研究一直也没有成功。胡塞尔的学生海德格尔进一步提出了"存在之在"的概念。客观世界为什么存在？自然界为什么会存在？这些东西，如果离开了我们的相似性，就都无法深入研究下去。

（七）经济学研究的相似性

我对经济学不大懂，但是相似性也有涉及经济学的内容。比如，曾任山西省计委主任的张奎说，你这个相似性很容易造成企业之间的联合。晋城的小五金在全国比较有名气。那时要撤并小电厂，他说，这个小电厂不用撤了，就供应这些炼钢厂、翻砂厂等小厂吧。随后，晋城市就先把这些小厂子联合起来，小电厂的电供应这些用电大户，不仅降低了用电企业的负担，还促进了小电厂的发展。张奎专门写了文章《论相似性在虚拟联合体中的作用》，发表在《晋阳学刊》上。怎么联合起来能创新呢？是工人结构匹配的结果。再比如，我们国家现在的粗钢产量全世界第一，那时太钢在全国很好。我就想，生产的粗钢卖给国外很便宜，国外加工后我们再买回来，价格就大大提高了。不仅费钱，还破坏了生态环境。这不是"赔了夫人又折兵"？这就是我们在结构上、功能上与当前经济发展不匹配。太钢在不锈钢生产上能立足，符合经济上的结构相似、功能相似。再比如说，我们的人民币原来跟美元兑换，人民币为什么持续贬值？因为，同样的人民币购买力不如美元。美元的价值高，原因就是美元的材料、功能、结构优越于人民币。为什么美国要让人民币升值，而美元贬值？这实际上就是让很多人民币跑到美国，中国外汇储备就大大减少了，股市也会随之下跌。这些事情想过来想过去，实际上都是相似性不匹配的结果。所以相似性横跨学科，符合自然社会发展之道。再比如说，按劳分配的问题。以前是平均主义，这与工人的付出不匹配，工人的积极性不高；按劳分配后，得到的报酬与付出相匹配，工人的积极性就大为提高，这就打破了"大锅饭"。搞平均主义，是形式上的相似，而不是真正的结构功能的相似。从相似论的观点看，社会主义的按劳分配是真正的结构功能上的相似，激发了人们的积极性。所以说，相似性无处不在，看待事物要考虑到相似性。

张铁声访谈

[题　记]

　　钱老意识到，用这个译名（Cognitive Science）容易导致混淆和误解，不利于凸显思维科学的特色，甚至还有可能对思维科学的研究和发展产生负面影响。为了与认知科学相区别，他决定弃用思维科学原先的译名 Cognitive Science 而改用新译名 Noetic Science。

[访谈信息]

　　访谈者：刘晓丽、李国祥

　　受访者：张铁声

　　访谈时间：2016 年 7 月 14 日

　　访谈地点：山西省社会科学院思维科学与教育研究所原办公室

　　录音整理及文稿编写：李国祥

[张铁声简介]

　　张铁声，1946 年生，曾任山西省社会科学院思维科学研究所所长，研究员。主要研究方向为思维科学、逻辑哲学，发表论文 60 余篇，其中代表性论文主要有《一个类比推理的认知模型》《从泛化到基于相似匹配的产生式系统》等。代表性著作有《相似论：相似·同构·认知》（专著）、《相似论》（合著）、《相似论与悖论研究》（合著）等。

张铁声（张铁声供图）

一、钱学森初创思维科学时以认知科学为其别名

20 世纪 50 年代，有越来越多的学科涉及认知研究，包括哲学、语言学、心理学、人工智能、神经科学、人类学及其交叉学科，最引人注目的还是所谓计算机革命导致的新学科认知心理学和人工智能的兴起，美国著名科学家、图灵奖和诺贝尔奖得主赫伯特·西蒙①乃是这两个学科的开创者。后来，人们将这个涉及认知研究的学科群称作"认知科学"。很多大学纷纷投入相关研究，甚至组建了专门的研究机构，形成了认知科学热，号称"认知革命"。钱老在 20 世纪 80 年代初开始倡导思维科学研究。由于思维科学与认知科学尽管不尽相同，但有不少类似之处，所以他当时建议，思维科学的一个别名是"认知科学"，英文为 Cognitive Science。同时他也指出，国外所说认识科学的范围比较窄，

---

① 赫伯特·西蒙（1916—2001），美国经济学家、社会学家、心理学家、计算机科学家，被誉为"人工智能"和"认知科学"之父。

钱学森（前排右一）与张铁声（后排右一）探讨学术问题（张铁声供图）

仍不妨用这个英文词，但应扩大其含义。后来，他又改变主意，主张弃用这个译名，另起新名。

二、钱学森建议把思维科学的英译改为 Noetic Science

后来，我在钱老的书信中看到，他曾在一封致戴汝为院士的信中请戴先生转告我，应把思维科学的英译由 Cognitive Science 改为 Noetic Science。我们知道，前一个译名 Cognitive Science 也是钱老首先建议使用的，而他之所以要改用一个新译名，可能与西蒙给他的来信有关。西蒙曾来山西访问，并作学术报告，时任思维科学研究所所长张光鉴参与接待。西蒙在这封致钱老的信中说，你在中国倡导的思维科学实际上也就是我们在美国建立的认知科学。钱老在回信中否定了这个说法，同时他也意识到，用这个译名容易导致混淆和误解，不利于凸显思维科学的特色，甚至还有可能对思维科学的研究和发展产生负面影响。为了与认

钱学森与戴汝为的通信内容（周芳玲供图）

知科学相区别，他决定弃用思维科学原先的译名而改用新译名。

思维科学与认知科学有交集，但其学科构成有显著的区别，这从认知六边形和钱老提出的思维科学体系结构即可一目了然。

思维科学体系结构

马克思主义哲学	桥梁	基础科学	技术科学	工程技术
辩证唯物主义认识论		思维学（抽象思维、形象思维、创造思维）信息学	科学方法论情报学数理语言学结构语言学模式识别	智能计算机的研制人工智能计算机模拟技术文字学情报资料库技术计算机软件工程密码技术

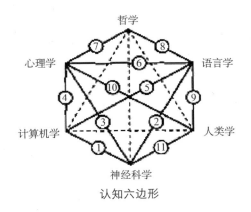

认知六边形

其中，数字编号分别代表一个学科领域：①控制论；②神经语言学；③神经心理学；④认知程序模拟；⑤计算语言学；⑥心理语言学；⑦心理哲学；⑧语言哲学；⑨人类语言学；⑩认知人类学；⑪大脑的进化

《认知科学：1978 年斯隆报告》指出："认知科学的所有分支学科共同享有的，也就是使得认知科学领域得以存在的主要原因，在于它拥有一个共同的研究目标：探索心智的表征和计算能力，以及它们在脑中的结构和功能表征。"不难看出心理层面的信息加工及其神经机制乃是认知科学的主要研究对象。西蒙也指出，认知科学的核心观念乃是心理的"计算机模拟"和"计算机类比"。总之，说认知心理学在认知科学中处于核心地位并不为过。然而，与此相反，钱老并没有在思维科学中给心理学留下一点位置，要把心理学的因素彻底排除掉。钱老认为，心理学属于人体科学，不在思维科学的范畴之内。我理解，他之所以这样做，是因为他构想的思维科学不是要研究心理学那样的经验规律，而是要研究数理逻辑那样的"规范"规律。心理学的规律是囿于人的心理的经验规律，是可证伪的规律，而数理逻辑则是独立于并超越了人的心理的规范规律，具有普适性，且其推理功能更强更广。钱老在一封信中曾指出："认知心理学就是上升到精神学（Mentalics）也还是人体科学的基础学科层次，思维科学的最终目的，不仅仅是能理解人的思维行为，

它要创造出的比人能达到的能力更大；请看：数理逻辑和抽象思维学不是比任何一个人的推理能力强吗？以上的原因使我想避开 Cognitive Science 这个词，用 Noetic Science 吧。"

应当指出的是，除了排除心理学，他倡导的思维科学与西方认知科学还有另外一个重要的区别，那就是他主张建立一个与认识论紧密联系的思维学。钱老认为，认识论是思维科学与哲学的桥梁，但认识论要想成为真正意义上的桥梁，还需要思维学。思维学低于哲学和认识论，但高于思维科学中的其他学科。思维学包括抽象思维学、形象思维学和创造性思维学，而以数理逻辑为范式。经过探索，我在《相似论：相似·同构·认知》一书中提出，思维学本质上就是一般的智能系统论。就是要研究，一个系统具有智能的充分必要条件是什么，符合哪些基本原理就是有智能的。不同的智能系统肯定具有共同的原理，这正是思维学的独特对象。我认为，钱老就是要倡导这样的研究，建立一门独立的学科，这是他的独创。也只有具有系统论背景的思想家，才具有这样的视野和见识。

那么，钱老又为什么要用 Noetic Science 而不是别的什么 Science 来当作思维科学的译名呢？我查了一下，也许是由于受钱老的影响，现在不少词典都把 Noetic Science 译成"思维科学"了。但是，也有的地方译为"意识科学"或"意念科学"。我在网上剑桥词典上查得，英语中 noetic 的意思为：relating to activity of the mind。mind 可译作"心灵"，例如 the Philosophy of Mind 就译作"心灵哲学"。如此说来，把"Noetic Science"译成"心灵科学"似乎也并无不可。

事实上，美国就有一个 Institute for Noetic Sciences，了解一下这个研究所的情况，也许有助于理解钱老何以选用"Noetic Science"这个词。

这个研究所的创立者是美国宇航员、"阿波罗 14 号"的登月舱驾驶员埃德加·米切尔① 博士。1972 年他从美国国家航空航天局退役，1973

---

① 埃德加·米切尔（1930—2016），美国宇航员，"阿波罗 14 号"的登月舱驾驶员。

年成立 Institute for Noetic Sciences。埃德加·米切尔之所以创建该所，与他在宇宙中的神秘体验有关。他总觉得在宇宙航行过程中有未知的生命一直在注视着他，而瑰丽的宇宙景象则似乎与他本人融为一体。这种神秘体验令他充满疑惑，念念不忘，于是他查阅各种宗教书籍以求解答。宗教并不能令这位博士感到满足，就发起成立这间研究所，试图从科学角度从事相关探索。

据介绍，该研究所的研究课题包括自然康复、冥想、意识、替代疗法、基于意识的保健、灵性、人类潜能、心灵能力、意志力以及肉体死亡后的意识存留等。该研究所还有一个免费的数据库，可通过互联网查阅，引用了 6500 多篇有关身心健康受益是否可能与冥想和瑜伽有关的文章。

不难看出，该所的研究主要是围绕意识和所谓心灵展开的，这也正是传统心理学避之唯恐不及的领域。连认知心理学家都深感困惑的是，视觉信息在脑中成像后总得有个类似"小人"的东西去看才能被感知啊，可这样一来，就会导致无穷的倒退，"小人"里面还得有个"小人"，以至于无穷。钱老曾批评认知科学有机械唯物论倾向，不研究意识。据戴汝为院士说，在钱老给西蒙的回信中就直言，认知科学的指导思想有问题，西方所说的智能计算机，实际上是想把有意识的东西搞成没有意识。

说到这里，也许有人会问，认知科学难道不是也在研究意识吗？这是两种不同的研究。一种是研究与意识有关的现象，另一种则是研究意识本身，研究意识自身的本质。享有世界声誉的心灵哲学家大卫·J.查默斯[①] 把意识研究分为两类，一类研究的是意识的容易问题，另一类则研究意识的困难问题。所谓容易问题就是可以用认知科学的标准方

---

① 大卫·J.查默斯，原籍澳大利亚，心灵哲学家，曾任职于美国亚利桑那大学，他提出的二维语义学理论在分析哲学领域有重要影响。

法——计算或神经机制予以解释的问题，而困难问题则是客观的物理机制何以产生主观体验这类认知科学解释不了的问题，亦即有关意识的本质及其属性的问题。自然科学研究的客观规律只可用以解释客观现象，却无法越界解释主观现象，此即所谓"解释的鸿沟"。意识问题为什么如此特殊，与其他问题迥然有别？是因为，在这里存在着"自指"——意识指向了自身，"他指"的东西失效了。简言之，认知科学研究的是与意识有关的现象，而思维科学则要研究意识本身，此即所谓"意识科学"或狭义的意识研究。不难看出，这种研究可能会导致科学疆域的扩充甚至科学范式的改变。

事实上，很多领域都对意识进行过探索，包括传统的哲学特别是心灵哲学、佛教以及其他宗教、临床医学以及量子力学等。在哲学方面，笛卡尔的"我思故我在"的"我"、胡塞尔的"本质直观"、维特根斯坦的"神秘的东西"等都关系到意识。在宗教方面，佛教所谓的"佛性""觉性""自性""如来藏"以及基督教所谓的"圣灵"也与意识有关。阿尔道斯·赫胥黎[1] 进而提出"长青哲学"，认为对内在意识或灵性的关注和探索实际上是所有宗教共同的深层结构。美国临床医学界对濒死体验以及病人死后的意识存留问题开展了认真研究，有不少论文甚至专著问世。量子力学实验则表明，意识可以影响微观物理现象。亚利桑那大学意识研究中心主任、麻醉专家斯图尔特和英国著名物理学家罗杰·彭罗斯[2] 开展的一项跨学科研究，认为人在死亡之后，神经细胞微管中的信息没消失，而是会飘到太空中。人一旦活过来，这些信息又会重新回到人体。这个理论并没有得到公认，但他们的确是在进行认真而又大胆的探索。所有这些都可以为思维科学的意识研究提供借鉴。

----

[1] 阿尔道斯·赫胥黎（1894—1963），英格兰作家，人文主义者，晚年对超心理学、哲学、神秘主义感兴趣。

[2] 罗杰·彭罗斯，英国物理学家，与著名数学物理学家斯蒂芬·霍金一起创立了现代宇宙论的数学结构理论。

总之，思维学与意识研究，是钱老思维科学构想的两大重要内容。前者研究一般智能系统的基本原理，试图将机器的功能发挥到极致，在"量智"方面甚至超过人类；后者则研究为人的意识所特有而为机器所无的"性智"。直白地说，就是机器有机器的用处，人有人的用处，两者互补，不可偏废，且应以人"为本"。

钱老的上述思维科学构想在技术层面上体现在两个方面：一是体现在所谓智能机的研究上；二是体现在大成智慧工程的创建上。关于智能机，钱老指出，我们要研究的不应当是人工智能计算机，而应当是人—机结合的智能系统。后来，他又进一步倡导大成智慧工程，构建从定性到定量的综合集成研讨厅体系，也是要让人和机器在最大程度共享相关资料的基础上，充分发挥各自的特长，并不断交换信息，进而使得整个系统的智慧远大于两者之和，亦即集大成，得智慧。

三、我与钱学森的两次通信

我与钱老先后有两次通信往来，都是探讨思维科学研究的，也是向钱老汇报工作。第一封信可能是在 1985 年，这封信提到了马克思主义哲学关于认识与实践的关系问题。我当时并没有跟钱老谈马克思主义哲学认识论的问题，他提到这个问题实际上是想要说明：要谈论灵感，得从实践出发才能有正确的认识；否则，没有灵感这样的实践去研究灵感，显然是行不通的。当时在信中，我问的问题是直感和灵感的关系是什么。心理学里的 insight 被翻译为顿悟，这实际上是初级的本能的一种反映形式，动物也有这种反映形式。而钱老认为顿悟是高级的思维活动。当时好多心理学家包括胡寄南教授等，他们一看到钱老提到顿悟，马上就跟心理学上的 insight 联系起来了。当时我也受心理学的影响，以为钱老所谓的顿悟与心理学中所说的顿悟是一回事。当然，除了心理学，在科学研究领域也有一些关于顿悟的说法。1984 年，召开全国思维科学大会，征集文章，我就提交了一篇《顿悟思维初探》，后来被收入山西人民出版社出版的《思维科学探索》。这篇文章把钱老所说的顿悟和心理学家所说的顿悟混淆起来了。钱老认为，这两个顿悟不是一回事。他看了我的文章，看到我跟心理学家的观点是相同的。所以他在会上就问张铁声到了没有，说你的观点我有不同意见。钱老所说的顿悟，又作灵感（顿悟），是一种高级的思维形式。后来开完会，在走廊里，钱老边走边和我说，我不同意你的看法，你这个看法又不是你个人的，我虽然在会上针对的是你，实际上是想让那些搞心理学的人了解我的想法。我不便批评这些年长学者，就拿你的观点做了个例子。说实在的，当时我还是比较紧张的，毕竟是受到了钱老的批评。这就引出了个问题，灵感、顿悟与直感、形象思维有什么不同。钱老认为，灵感、顿悟在潜意识中，是在"黑箱"中的，直感、形象的东西是借助于符号的，在意识中能觉察到，这是最基本的区别。他在第一封信中，就是要回答我这个问题，到底灵感、顿悟与直感、形象思维有什么区别。我当时的想法是，既然都是思维，在潜意识中也好、在意识中也好，都有个信息加工过程，我是想看看这个加工过程有什么区别。钱老的回答是，没有这个灵感、顿悟的体验，就很难说得清楚，等你今后在研究中有了灵感，就会有直接的感受。他的回答上升到哲学高度，就是没有实践，就不会有正确的认识。没有灵感的实践，不会有关于灵感的认识。后来，在从事悖论研究时，我果然得益于"灵感"，并立即回想到了钱老信中所说的话。第二点是说，国外很多人也说不清楚灵感和顿悟的区别。钱老认为，国外的专家学者也混淆灵感和直觉，也说不清楚，是因为对此没有系统研究，仅是一些个人的体验和看法。钱老在信中就提示我，不要迷信国外所谓科学家和权威，外国人不常用 inspiration（灵感）而常用 intuition（直觉），是因为灵感罕见，而直觉常见。钱老还提到，顿悟译为 satori 也并无不可，这就涉及我给钱老去信的内容了。我在信中说，心理学家已把 insight 翻译成为顿悟，已经约定俗成了；您说的顿悟既然与他们不一样，可否把顿悟译为 satori，这样能跟心理学家区分开来了。实际上，satori 是一个宗教用语，钱老对中国传统文化有深入了解，也涉猎过佛教。他对一些事物的认识，是一般人达不到的。比如，他使用顿悟这个词，就可能来自禅宗。禅宗经常采用启发式教学，他绝对不把答案告诉你，逼着你自己想，你自己领悟的东西才真正属于你。我建议钱老将顿悟翻译成为 satori，就是为了与心理学家的 insight 区别开来，钱老虽认为这并无不可，但提醒说，这不能理解为是超脱经验的。顿悟也是来自于经验的，更是来自于实践的，否则就是唯心主义了。

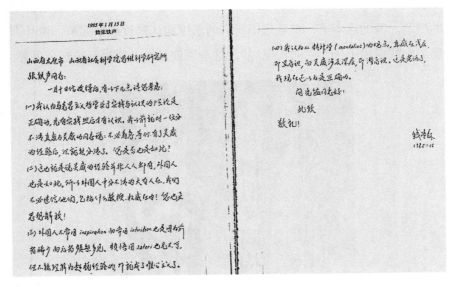

张铁声与钱学森的第一封信（周芳玲供图）

再说第二封信。当时江苏科技出版社出版了一套介绍张光鉴先生倡导的相似论的丛书，其中有我的一本《相似论：相似·同构·认知》。我把这本书寄给钱老了，是想向钱老汇报工作，请他指教。我的这本书主要是探讨能否建立有别于其他学科的单一的思维学。思维学是钱老提出来的，我不好直接谈论思维学，就借探讨是否存在单一的认知学，间接地探讨这个问题。我在全国唯一有编制的思维科学研究所感到压力不小，令我感到困惑的是：思维学的内涵、外延、研究对象究竟是什么？思维学能否成为一门独立的学科？美国的认知科学有所谓"认知六边形"，著名认知心理学家诺尔曼说，认知科学是涉及六门学科的学科群，各个学科虽然都在认知科学旗下，却始终都从各自的角度研究认知，无法整合为一体。因此，一个独立的、单一的认知学看来是不存在的。实际上，思维科学也面临同样的问题。各个学科的人都来研究思维科学，大家各谈各的，没办法深入交流。所以我就在想，这个领域未来的命运到底是什么？苦苦思索之后，我认为，钱老搞思维学，就是要研究智能系统的一般原理。这样的原理如果能研究出来，那么思维学就有了自己的根基。我的这本书，就是想把所有的思维和认知过程串起来，用什么串呢？我提出了一个"同构原理"。这个原理是说，你想反映这个世界，

张铁声著作《相似论：相似·同构·认知》（马君供图）

大脑想直接"拥抱"世界，用理性直接认知这个世界，是不可能的，只能借助符号来感知。不借助符号，如何感知世界？但事实上在你感知世界的过程中，你认识的世界已经变形了，已经不是客观存在的了；但是在你看来，你又确实在认识世界。那么，你靠什么感知和认识世界，你用心里的符号是怎么把握世界的实在呢？这就涉及同构原理。符号是内部的，世界是外部的，但我可以在它们的"元素"之间建立一一对应，它们的"元素"之间的"关系"也可以一一对应，以此来"映射"世界。所以，我认为，智能系统把握世界，离开同构原理，是无法实现的。人建立世界的模式，都是靠语言、符号实现的。而语句（命题或判断句），正如维特根斯坦所说，本质上就是一幅图像。

我给钱老寄这本书的同时还寄去一篇论文——《数学表达式和演算的认知意义》。该文的结论，简言之，即数学演算实质上是以形象思维行演绎推理之事，其原理仍为同构。由此亦可看出，钱老十分重视的形象（直感）思维大有深入研究的必要，而从原理上拉通抽象思维和形象思维也是可行的。

张育铭访谈

[题　记]

　　"我怎么跟钱学森开始通信的呢？钱学森提出思维科学分四大块：形象思维、逻辑思维、灵感思维、社会思维。关于社会思维学钱学森专门有一段讲话。在他的讲话的基础上，我就写了《关于建立社会思维学的几点认识》这么一篇文章。"

[访谈信息]

　　访谈者：马君

　　受访者：张育铭

　　访谈时间：2017 年 6 月 19 日、2019 年 1 月 20 日

　　访谈地点：太原市并州路送变电宿舍楼

　　录音整理及文稿编写：马君

[张育铭简介]

　　张育铭，1957 年生，山西和顺人。1983 年毕业于山西大学哲学系，曾任山西省社会科学院思维科学研究所所长。主要研究方向为思维科学、社会思维学。代表性论文《关于社会思维学的几个重要范畴及其三大规律》《关于建立社会思维学的几点认识》，这两篇论文观点均被《新华文摘》转载于"社会思维学研究"专题，其中《关于建立社会思维学的几点认识》引起钱学森的注意，钱学森于 1993 年 9 月 3 日给张育铭回信，探讨建立社会思维学的相关问题，并提出社会思维学的重点——集体思维的激活。

张育铭（张育铭供图）

一、论相似的提出

1980 年，钱学森在《自然》杂志发表了一篇关于思维科学的文章，钱学森就是在这个时候提出思维科学，并要对其进行研究的。当时，山西省里的张光鉴写过一个"论相似"。他为什么要写这个论相似呢？当时他还在新华化工厂工作，是全国劳动模范、"五一劳动奖章"获得者，被誉为"全国革新能手"，他的革新项目很多。然后就让他谈为什么能做出这么多发明创造？他总结到：我之所以能有这么多的发明创造，原因在于理是相通的，之后就写了个"论相似"。他当时属于五机部，钱学森是国防科工委的，其实二者是一个系统的。张光鉴给我讲了个故事，很有意思。在这个之前，他去北京开一个会。去开什么会呢，当时苏联的某型坦克马力很大，几乎能爬上直角，坦克动力很强。国家就想研究这个坦克，中央军委就决定召集全国兵工专家准备开论证会。张光鉴当时是兵器部里的一面旗帜，经常去开会。在这个会上，中央军委让参会的人员发表意见。张光鉴当时说咱们坦克的发动机和苏联的就不是一代，中间隔了好几代，你突然想从这代跨越到那代，不论从硬件还是软件都跨越不过去！革新是一点一点往上的，这个距离太大，这个过不去，不行！

张光鉴的"论相似"发表后，钱学森看上了，正好钱学森也想搞思维科学，可以说与钱学森的思维科学的想法不谋而合了。于是钱老叫张光鉴来北京一趟（1980—1981年间）。当时张光鉴就和我说："完了，这下捅了篓子了！钱学森肯定批评我呀！"去了之后，钱学森对张光鉴很不错。钱学森的司机说，这个专车只送过两个人，钱学森从来不送人，这是第一次开车送你。去了以后，钱学森就说：张光鉴，你这个"论相似"不要叫"论相似"，把它反过来叫"相似论"。张光鉴听后说，我可搞不了这个"相似论"。钱学森已经看到其中的奥妙了，说你这个里面有东西，你好好搞吧！一开始钱学森是想将这个相似作为形象思维的突破口，限制在这个范畴内。之后，受钱学森的委派，张光鉴回山西去找山西大学的欧阳绛[①]教授。

张育铭（右）与马君（左）在家中合影（刘晓丽供图）

---

① 欧阳绛，1925年生，江西吉水人。1950年毕业于北京大学数学系，山西大学教授。曾任《科学技术与辩证法》杂志常务编委，山西省思维科学学会理事长。

二、山西省思维科学学会的成立

山西省思维科学研究小组成立后，每个星期都有活动。大家从不同的角度讨论对思维科学的想法，因为那个时候思维科学理论尚未建立，讨论了很长时间。《思维科学探索》这本书是全国性的一个会议论文资料，是思维科学学会当时讨论的一个成果。1984年在北京召开思维科学大会，当时张光鉴被叫到北京，在钱学森身边工作，跑前跑后。钱学森派张光鉴去联络数学家胡世华①、心理学家胡寄南等多名全国一流的科学家，筹备人员准备研究思维科学。当时钱学森将张光鉴安排在北京理工大学，在此办公、吃住。张光鉴在北京和钱老一起工作了三四年。1984年，在北京京西宾馆召开了首次全国思维科学大会，我也去参加了大会。我对这次大会印象特别深刻。钱学森作为一个大科学家，对全球科学动态掌握得特别好，我真正体会到什么是高瞻远瞩。

这个大会一散会，1984年在太原就召开了全国形象思维专题讨论会，是由山西省思维科学学会组织召开的。会前与会人员拍了一张集体照。李润田1992年2月于《科学技术与辩证法》上发表了论文《山西省思维科学学会第一次年会纪要》，文中记载了第一次年会的详细情况。成立学会之后活动就少了，原因在于经费很少。1994年召开了学会成立十年的大会，全国参会的人很多，并出了一部论文集《思维科学探索》。2004年，学会成立二十年大会在山西师大（临汾）召开，山西社科院思维所的李文清、马敏、徐宏伟都参加了。

---

① 胡世华，1912年出生于上海，数理逻辑学家、计算机科学家，中国科学院院士。中国开展数理逻辑研究的代表人物之一，倡导将逻辑研究与数学紧密联系起来，也倡导将逻辑研究与计算机设计相结合。

三、山西省社科院思维科学研究所的成立

张光鉴从北京回来后，山西省调动张光鉴的工作，让他从两个单位中挑一个，一是省科委，一是省社科院。张光鉴选择了省社科院。省里很重视，给思维所拨款 30 万元，给了 30 个名额，是按照大所的标准规划的。张光鉴到社科院之前，思维科学所就已经建立了。李明温当时在社科院，他是吕梁教育局局长，也是老革命。他来所里后就将康洪武、徐宏伟、张铁声①调入所里。思维科学所最初的架构就是这样的。

1984 年召开的全国思维科学大会，张光鉴参加了，省社科院刘贯文、陈家骥也都参加了。会后，张光鉴、刘贯文、陈家骥提出想和钱学森单独谈一下。钱学森见他们了，交谈中钱老提出想建立一个全国性的思维科学研究院，是和中国科学院、社会科学院并列的，再创办一个《思维科学》杂志。接着，刘贯文就说：我们把这个《思维科学》杂志办起来吧，我们这里有人。钱学森一开始是想在北京办，但后来同意了刘贯文和陈家骥的提议——由山西省社会科学院办《思维科学》杂志。就这样，思维科学研究所和《思维科学》杂志由山西省社会科学院办起来了，思维所成立后在省里就备案了。但是，由于经费问题和其他原因，将思维科学所和哲学所合并，但是思维科学研究所当时在省编办的编制还存在。到 2002 年，思维科学研究所又独立出来了。可以说，这十多年间思维科学研究几乎就停了。1984 年创办的《思维科学》杂志，办了 5 年由于经费问题停办了。当时北大、清华、人大和国家图书馆都订了这个刊物。

---

① 当时在太原市情报研究所。

四、我与钱学森的通信

我怎么跟钱学森开始通信的呢？钱学森提出思维科学分为四大块：形象思维、逻辑思维、灵感思维、社会思维。关于社会思维钱学森专门有一段讲话。在他的讲话的基础上，我认为要是作为一门学科那就显得简单，不能只构成一门学科，它应该是一个体系。我就写了《关于建立社会思维学的几点认识》① 这么一篇文章。文章发表以后就给钱学森寄过去了，他看了以后觉得不完全是他的意思。他说的社会思维学是怎么能做到激发人的创造性，咱们大家在一起交流、碰撞，他是这个思想。而我所写的显然比他说的这个范围大。后来钱学森给我来信，写得很客气：某年某月收到你的来信，得以拜读大作，我十分感谢。最后信中说了他原来提出社会思维学的主要想法是在一个集体中人们怎么能够互相启发、互相激励，怎么提高创造力，他就把他这个思想说了。所以社会思维学的重点是集体思维的激活。这就是钱老给我回的第一封信。

我收到钱老的信后与张铁声交流了一下，张铁声对钱老的思想把握得挺准。张铁声说："钱老把你当他的学生对待，告诉你应该怎么研究呢！"后来我就搞了一个社会思维学笔谈，这个笔谈就包括山西大学哲学系、山西省社会科学院的专家，每人给我写了一个小稿子，然后在《晋阳学刊》就发表了"社会思维学笔谈"。其实就是我们针对钱老的第一封回信搞的一个笔谈。后来我把这个笔谈也给钱老寄过去了，钱老看了笔谈之后说："我还是比较赞同张铁声同志的观点，张铁声的思想符合我的思想。"钱老这个人和一般人不一样在哪呢，他这个人可直率了。我举个例子，1984 年在北京开会，他从上午 8 点半一直讲到 11 点多，他讲完以后准备吃饭，他说上午咱们就讲到这儿，下午再准备开会。一

---

① 该文发表于《晋阳学刊》1993 年第 4 期。

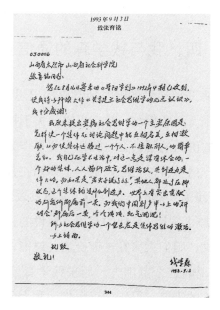

1993 年 9 月 3 日，钱学森写给张育铭的第一封信（马君供图）

个和他关系很好的同学，国防科工委的总工程师，也不是一般人，这个人说我补充两句，他说着说着，钱学森觉得说的不是他的意思，钱老站起来就说："大家不听了不听了，吃饭了吃饭了！"那个人就笑了，说我再说两三分钟，照个相咱们就吃饭。钱学森就这么一个人，特别直爽。

还有一件事，在这次会上中间休息的时候，一帮年轻人围着钱老问这问那，当时我也就问了这么一句，你就知道钱老有多直率，我说："钱老，您提出社会思维学，那您说社会心理学和社会思维学到底是啥关系？"钱老说："那我哪儿知道呢！我又不是搞社会心理学的！"但钱老看我是年轻人，待了一会儿，他说："这样，你对社会思维学感兴趣，我给你介绍一个人，你去找找她，你和她好好交流一下。"他说的这个人是中国人民大学的沙莲香①，她是社会心理学的权威。钱老这个人性格很直。

---

① 沙莲香，女，著名社会学家，中国人民大学社会与人口学院社会学系教授，社会学专业社会心理学博士生导师。中国社会心理学学会副会长。代表性著作有《社会心理学》《中国民族性》《中国人 100 年——人格力量何在》（合著）等。

还有一个事，张光鉴和钱老座谈，钱老曾说："咱们面对大自然，就是个小学生，什么都不懂！"张光鉴说："您这位大科学家都是小学生，那我们就是婴儿了。"钱学森看他一眼，说："怎么，你觉得不是？"

钱学森给我的第二封信①，特别让我难以忘怀。我的第一篇文章发表以后，东北有个叫曾杰的人，他写了一篇文章用钱学森的观点批判我的观点。钱老这个人不仅直率，而且很谦卑。我当时不知道是钱老的观点，我就驳了半天，我把这个驳曾杰的观点也写了一篇文章，后来把这个批判曾杰的文章《关于社会思维学的几个重要范畴及其三大规律》② 也寄给钱老了。等于是批判钱学森的观点，钱老看了以后没有生气。钱老又给我回信了，很客气！这封信钱老写了两张纸，信中写了为什么这样认识的，他提出社会思维学的一个重要规律——民主集中制。我是学哲学的，喜欢咬

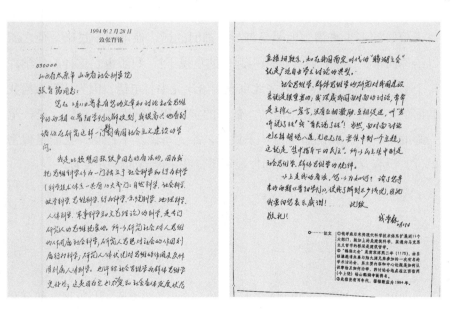

1994 年 2 月 28 日，钱学森写给张育铭的第二封信（马君供图）

---

① 1994 年 2 月 28 日，钱学森写给张育铭的第二封信，主要探讨了社会思维学和群体思维学的规律问题。

② 该文发表于《晋阳学刊》1995 年第 6 期。

文嚼字！哲学要么不谈规律，要么符合这几个条件。本质的、内在的、必然的联系，才能称其为规律。我说民主和集中之间就没有必然性，我举了个例子，古罗马时期百家争鸣，争得一塌糊涂，最后解散了也没有集中，这就没有必然性，那叫什么规律呢！还有一个感应认同率，也是曾杰提出来的。我说感应、认同也不具有必然性。你说，我能感应，我能知道，但能感应就必然认同吗？未必！所以我就把他批了半天，尤其是那个民主集中制。后来钱学森给我写信说："人和人之间谈话，也不能漫无边际吧，也得集中到一个主题上吧。"他的民主集中制是这个意思，他不谈必然性。钱老写完信，最后总是：以上是我个人的看法，您以为如何？很客气。

这两篇文章刊登以后，《新华文摘》都以论点摘编形式转载了。尤其是第一篇刚发表以后，梁中堂① 还在山西省社科院，有一次梁中堂把我叫过去说："钱老给你写信，你可不要不当回事，钱学森那么大科学家，他每天要收到多少来信，他要是每封信都回的话，他可回不过来，他之所以给你回信，说明你这个问题引起他的重视了！"我想也是这样。钱学森有个秘书，叫涂元季②。我去北京直接给涂元季打电话，因为钱学森给我的回信，信封都是涂元季写的。钱老的字就和小学生的字一样，是一笔一画的那种字。我说想拜访一下钱老，涂元季说：不行啊，我们是保密单位，没有介绍信是进不来的！很可惜，我未能当面拜访钱老。

---

① 梁中堂，1948 年生，山西永济人。第九届全国政协委员。从 20 世纪 80 年代开始担任国家计划生育委员会专家委员会第一至六届委员。上海社会科学院经济研究所研究员，博士生导师，曾任山西省社会科学院副院长。

② 涂元季，湖北老河口人，中国人民解放军总装备部研究员，国防科工委高级工程师。1983 年起任钱学森秘书。1992 年钱学森与涂元季出版了《我国社会主义建设的系统结构》。主编多本关于钱学森的书籍。

李景源访谈

[题 记]

"张光鉴先生提出了相似性、相似论。我对相似论的研究是从我早期对认识论的研究开始的。我在《思维科学》杂志上看到张光鉴先生的相似论,觉得对我的认识论研究很有启发、很有帮助。如果我不研究认识论,不研究人的认识过程,如果没有相似范畴的材料,相似块对我就没有任何意义。我有了研究基础,才能把相似论研究下来。"

[访谈信息]

访谈者:张光鉴、刘晓丽、李国祥

受访者:李景源

访谈时间:2016 年 12 月 10 日

访谈地点:中国社会科学院哲学所李景源的办公室

录音整理及文稿编写:李国祥

[李景源简介]

李景源,1945 年生,天津宝坻人,中国社会科学院学部委员、文史哲学部副主任,研究员,博士生导师。主要研究方向是马克思主义哲学、认识论。主编《史前认识研究》《认识发生论》《马克思主义哲学与现时代》《毛泽东方法论导论》等多部著作,代表性论文有《马克思的主体—客体理论》《论皮亚杰发生认识论的几个问题》《论皮亚杰的发生认识原理》《论认识论中的"相似"范畴》等。

李景源（李景源供图）

一、认识论与相似性研究

张光鉴先生提出了相似性、相似论。我对相似论的研究是从我早期对认识论的研究开始的。我在《思维科学》杂志上看到张光鉴先生的相似论，觉得对我的认识论研究很有启发、很有帮助。如果我不研究认识论，不研究人的认识过程，如果没有相似范畴的材料，相似块对我就没有任何意义。我有了研究基础，才能把相似论研究下来。其实就是这么一个过程。

我读硕士和博士的时候，跟着夏甄陶① 先生研究认识发生问题。我们都知道，人的认识不是从猿人开始一成不变的，人们认识事物的过程每天都在发生。每一天的新生事物总有发生、发展的问题，这就需要研究发生的机制、发生的基础和发生的条件。看到《思维科学》杂志上张光鉴先生

---

① 　夏甄陶，湖南安化人，中国人民大学哲学院荣誉一级教授，博士生导师，是中国马克思主义认识论研究的主要奠基者和开拓者。

的"相似论"，那篇文章是我的博士论文完成之后写的，还有一篇文章也是关于这个的。什么是最原创的东西？就是张光鉴先生提出的"相似性"，这个是原创的，这是第一点。第二点，动物心理学、儿童心理学、神经心理学、语言心理学，所有这些东西都要看和学习。相似之所以能够提出来，能够概括出来，是个跨学科的过程。关于心理和历史这一块，除了皮亚杰①之外，冈布里奇②的《艺术与幻觉》一书中再现了人的个性心理的机制，就是创造先于匹配、创造先于参照等等这些规律。哲学与自然科学研究的逻辑不同的地方在于，哲学把人的认识看作是社会历史过程，不是自然过程。如果思维仅从自然过程来研究，显然是片面的。中科院有个心理学研究所，它从自然科学角度研究，我认为这属于微观研究。科学发现是个宏观的过程，是个社会研究过程。从哲学上看，研究人的认识的根本问题，就是要研究世界万物的相似，我们人怎么能认识？从已有研究成果看，所有的相似怎么能变成我们大脑的相似块，其实就是从原始人打造石器开始的。比如，一块石头，你怎么握着比较方便，什么样的形状能够切割鹿肉和鹿皮？就是通过这个过程，把自然的属性、形状，自然的逻辑，转变为人身体的逻辑。这是最根本的。自然的结构是自然的。所有其他的生物为什么没有发现相似？一只蜜蜂与一万只蜜蜂是一样的，所有的蜂房全是六边形，没有任何创造，为什么？这是因为动物不能超出物种本身的逻辑。人与其他动物不一样，人可以超出物种本身的逻辑。

二、相似性源于实践

人是万物的尺度。人通过劳动将个人的尺度放到万物之上，形成人

---

① 皮亚杰，瑞士著名心理学家，创立并发展了认知发生理论。
② 冈布里奇，英国艺术心理学家、艺术史家，曾任伦敦大学教授。

化的自然。人为什么能以万物为尺度？没有实践是不可能做到的。所以，最根本的逻辑就是实践的逻辑，恰恰是实践把很多不可能的东西变成人们思维里的"相似块"，变成思维的逻辑、思维的图示。所有这一切都是实践的逻辑。为什么我们有仿生学？这种仿生都是跨领域的。为什么能跨领域？源于我们的实践，这是特别重要的。皮亚杰的发生认识论，实际上是动作的逻辑，有具体的思维、具体的逻辑，即从具体的逻辑到抽象的逻辑，从推理的逻辑到归纳的逻辑，所有这一切都源于实践。这就是我要说的，研究不要完全局限于微观的东西。近年来，"人工智能能不能战胜人脑的争论"一直不休，人工智能是不可能战胜人脑的。人工智能是人创造的，机器人为什么能够战胜棋手？那是因为机器人是人类大脑集体智慧的结晶。一旦成形，机器的大脑就不会发展，而人类集体智慧的结晶还会持续发展。所以，机器永远是人的肢体的延长。它永远不可能超越人，超越实践。

从另一个角度看，我为什么强调相似性源于实践呢？其实，皮亚杰的心理学给我们的最大启发，就是孩子的教育主要方向是发展他的活动。比如，皮亚杰在做实验时，放了两组小老鼠，给了不同的生活环境。一组小老鼠放在迷宫的环境里，有各种各样的玩具，另一组放在一个相对密闭的环境里，没有任何玩具；等老鼠长大后，将老鼠解剖，在暗室里的老鼠大脑是一块白板，没有任何记忆。孩子的教育不是让他去识字、算术，而是要放开，随着孩子的天性自由发展。国外的孩子很晚才能接受教育，七八岁还在玩，而我们的孩子很早就变成神童。为什么会这样呢？儿童心理学研究表明，人的智力的本质，就是动作。智力的结构是动作结构。什么样的动作结构能促使儿童的智力发展呢？就是没有功利性的动作结构。而没有功利性的动作结构，就是玩。当孩子玩的时候，才能让孩子放弃一切功利，放弃一切目的。为什么到老年了，我们还需要去玩？这是人的本性最需要的。从小智力发展好了，就有一切创造力，不在于具体知识的学习。具体知识的学习在任何阶段都可以，不必要放在孩子很小的时候。而我们现在的教育很早就开始教授孩子学习，我们根本的问题是扼杀儿童的创造力。所以在某种程度上，我们知道了相似的重要，而相似的中转站在哪里？就在自然界，组织要素都一样。人与老鼠80%都一样，但是哪一个物种能够达到与人一样的程度呢？目前还没有。只有人才能把自然力变成社会力与心理力。为什么人可以？是很偶然的人创造工具的过程中，就有了实践，把所有自然的东西，内化成为人所用的东西。这样，就是从相似走向实践的逻辑。那么，这个更容易变成我们国家的政策，即从幼儿园、小学、初中到大学的教育理念的转变。

神经心理学研究也表明，人大脑的额叶是人独有的，这是人的策划系统，其他的动物都没有。这实际上就是把自然变成能够为人所用的东西，这是通过实践形成的。人的大脑是通过实践形成的，离开实践，就没有办法解释。人的实践活动越多，人的大脑输出的信息越多；人的实践活动越复杂，人的额叶就越发达。这本身是一个自然过程，但如果没有社会过程，人的大脑就不会发展起来。所以，人的社会过程决定了人的自然过程。人从小时候开始，实践活动就开始了。

三、相似论在更高层面上揭示事物的规律

相似论解释了世界是有规律的。比如，人的存在是对象性的存在；人不是单一的，是有对象性的。宗教认为人是上帝创造的，上帝是唯一的。通过对立统一规律就能知道宗教的上帝造人论是错误的，通过质量互变规律就能知道人的认识是怎么来的。人的实践越来越复杂，人的认识越来越多，人的经验的积累都到人的相似库来了。人的智力最初是从记忆来的。如果没有记忆、没有表象，就没有认识，就没有大脑。如果没有大脑，就好比狗熊掰棒子，全都丢掉了。比如，我们说老鼠是"撂

爪就忘",老鼠爪子一拿起来就能记起来,爪子一放下就忘了。为什么我们人能抓住它,就是这个道理。老鼠只有短时记忆,没有长时记忆。再比如鸡,看到天上飞的老鹰,它会惊叫。如果你把鹰的模型放到刚出生的小鸡面前,它不会跑,也不会叫。因为它以前没有见过鹰,这是一种动物的本能反应,可以说是动物的相似性。

四、相似性研究要以人为对象

研究要以人为对象,看人们在怎样的环境下能够最大程度发挥他的潜能,怎样增加他与自然界的互动。比如,他怎么看这个世界,怎样把世界纳入自己的怀抱。刚出生的小孩总是用嘴感知世界,这就是他的世界观;相似块就是从这些地方积累起来的。你们就要研究这些东西。比如,刚出生的小孩,躺下是一个世界,坐下是另外一个世界,等着站起来会走了又是另外一个世界。他的活动范围就是他的世界。为什么我说皮亚杰的发生认识论很重要。你们如果仔细看了我的关于皮亚杰的研究,都是以活动为中心。因为相似不相似,离开了活动,是不可能出现的。人就是通过相似的能力来改造世界的,根本上是通过实践改造世界的。小孩子长大的过程就是活动的过程,通过活动形成自己的大脑结构、心理结构。心理结构包括感觉、知觉、表象,3岁以后的孩子才能留住表象;只有有了表象,他的记忆才能从短时记忆变为长时记忆。为什么3岁以前的孩子没有记忆?因为他的大脑还没有发育完全,不具备记忆的能力。没有活动,就没有记忆。这些都具备了,才能用相似的目光看待世界。实际上,相似是个无意识的过程。

所有的动物,为什么物种能够存在?物种能够一代一代繁衍生息,留存下来,实际上就是个相似的过程。为什么熊猫只吃竹子,动物只吃妈妈吃的东西,这就是个一代一代遗传的过程。如果没有竹子,熊猫可能就会灭绝了。人与动物不同的地方就在于人会活动，会适应自然。比如，没有竹子，人可以吃白菜、萝卜等维持生存。我为什么能把一种东西变为另一种东西，因为我通过活动将一个事物变成另外一个事物，这是我自己的创造过程。张老师说的相似块是自然界赐予我们的，我们通过实践把它放大。相似就是有机生命的基因，但是我们通过实践把这个放大。人类有社会性的遗传，我们有图书馆，有小学、中学、大学，这是社会性的遗传。人类的知识可以集合到一个人身上，这就是人的社会化的过程。所以有人说，一场灾难可以毁灭很多东西，但是人类还能一代一代存在。日本、德国为什么能够在短时间内再次崛起，这就是因为有人在，人的素质高。

五、相似性研究可以为国家出谋划策

我认为相似性研究可以拓展到多个领域中。比如，现在我们研究资本，以前我们排斥资本，社会主义处于初级阶段。这实际上是以资本为核心来说的，这是社会的逻辑，不是自然的，这也是基于相似来说的。资本在美国起作用的规律和在英国起作用的规律是不一样的，所以我们研究这类问题。另外，你们研究社会发展这块，要研究社会发展和成长机制。比如，自由的问题、"李约瑟难题"，这是我们研究社会科学里必须解决的。只要这些问题能在相似论的基础上研究出来，我们就能产生"硅谷"。我们只有研究这些社会科学的东西，自然科学能发现的东西，我们不去研究。因为我们知道，只要掌握这些规律，自然科学研究必然会涌现出无数的新东西。我们现在的根本问题是缺乏这样一些科学发现的社会条件。为什么现在很多创造性人才都去往美国等西方国家？为什么很多中国人还要出国？就是要研究这些问题。我们知道相似论后，研究这些东西能够为国家出谋划策，能够为国家提出一些政策性建议。要使自然规律变成社会规律，变成科学管理方面的规律。

周德藩访谈

[题　记]

　　钱学森认为，教育可以从 4 岁开始，12 岁完成大学前的教育，13 岁到 17 岁完成高等教育。18 岁之后，一部分人进入社会工作，一部分人继续深造。要充分发挥孩子的巨大潜能，而不是压制它。

[访谈信息]

　　　　访谈者：张雪莲

　　　　受访者：周德藩

　　　　访谈时间：2017 年 5 月 20 日

　　　　访谈地点：南京师范大学敬师楼

　　　　录音整理及文稿编写：张雪莲

[周德藩简介]

　　周德藩，1940 年生，江苏滨海人，江苏省基础教育的改革者和素质教育的推动者。曾任国家教育发展中心研究员、国家教育督学，江苏省教育委员会副主任、江苏教育学院院长、江苏省政协科教文卫副主任，江苏省教育学会会长、陶行知研究会顾问、科学育儿社会服务援助系统早期教育专家。国家"十五"课题"科学教育——开发儿童少年潜能研究"课题组组长。在《人民日报》上发表《基础教育就应该是素质教育》等 10 多篇论文，并出版《苏南教育现代化》等 10 余部著作。

周德藩（周德藩供图）

一、为什么要研究思维和脑

（一）我的教育人生

1959 年，我毕业于江苏省阜宁中学，受苏联加加林飞行员和钱学森先生回国的影响，我立志要为中国的航天事业做点贡献，所以报考了哈尔滨工业大学，但是未能如愿，最后被录取在江苏教育学院物理系。1962 年底在南京市第八中学实习，教高一年级物理课，同时担任高一二班班主任。实习结束时，全班同学围着我说："周老师，留下来教我们吧！"在同学们的泪光中，我感受到当教师的美好，于是我就下定决心，要当一个好教师。1963 年夏天毕业时，我被选派到江苏教育学院附属中学（即今南京市二十九中学）工作，从此走上从教之路。

在江苏教院附中这 20 年间，从教初中物理到高中物理，从班主任到少年队辅导员及团委书记，从校办工厂厂长到校办农场场长，从政工组长到教导主任，直到担任学校的校长，几乎经历了中学全部工作岗位，充分地感受到做教师的艰辛和幸福。

改革开放之后，在干部年轻化、知识化的大潮中，我走上了教育行政岗位。从南京市教育局副局长、局长再到江苏省教委副主任分管基础教育。我很庆幸赶上了一个伟大的好时代，在教育行政这个岗位上，为南京市和江苏省基础教育尽了绵薄之力，从九年义务教育到江苏教育现代化工程，从严格学校常规管理到推进素质教育，见证了江苏教育翻天覆地的变化，看到今天的孩子们能在这么好的学校环境中学习，感到无比的欣慰和喜悦。

退休之后，我还想追逐自己的教育理想，在江苏省教育学会和陶行知研究会这个平台上继续开展教育实验研究，用了12年的时间跟踪无锡市锡山区荡口镇39个孩子，从幼儿园3年到小学6年，再到初中3年，观察他们学习母语的规律，试图探索提升中小学教育品质之路，其实也是想寻求"钱学森之问"的答案。

（二）教育学需要探讨思维和脑的问题

教育的逻辑起点是促进人的发展，满足人的学习需求，我们就可以从这个逻辑开始，探讨人脑学习，特别是语言文字学习。所以，必须先了解脑，了解脑是怎么学习的。大脑有思维活动，要借助思维科学。那么心理学理论在某种意义上讲，就变成了教育学一个支撑理论。学习心理学，实际上是和教育联系在一起的。学习是逻辑起点，大脑是脑科学，研究大脑怎么学习，就是研究心理学。有学习的内容、学习的组织形式，然后才有课程。现在的教育学是半技术的教育学，如果你从学习路径看，那是很完整的逻辑体系。这就涉及思维问题、脑的问题。教育提升人的素质，开发脑潜能，首先要关注人的大脑。搞基础教育的人尤其要重视这个问题。

（三）关注脑是婴幼儿发展阶段的主要任务

我非常赞同美国一位学者的观点，18岁以前的教育是分阶段的，人要到 18 岁才宣布成人，还要有个成人仪式。第一个阶段是早期教育阶段（6岁之前），这个阶段脑长得最快，而且是脑发育的关键期。某种意义上说，婴幼儿教育就是脑的教育，教育工作者要关注婴幼儿的营养、运动、睡眠和情感环境，因为这些影响孩子大脑的"配置"。第二个阶段是小学教育阶段（6—12 岁），这个阶段是儿童体能发育最快的时期，孩子的身高、体重长得都很快。孩子早餐营养不足、运动欠缺、睡眠不足都会严重影响儿童体能的发展，所以太仓实验小学校长要我题词时，我就写了16个字"健康第一，习惯为要，学会阅读，乃小学也"。第三个阶段是初中教育阶段（13—15 岁），这个阶段是少年儿童体内荷尔蒙分泌增长速度最快的时期，是情绪情感教育重要的三年。第四个阶段是高中教育阶段（16—18 岁），这个阶段结束后，孩子就成人了，就要去承担应有的社会责任，所以社会责任感的教育尤为重要。只有这样在不同阶段突出不同的教育任务，连贯起来才能培养合格公民。因此，当时我们就是更多关注婴幼儿这一阶段，也就是要关注这个时期的主要教育任务，要关注脑。

（四）语言是脑的"操作系统"

人为什么聪明？人为什么是万物之灵？因为人的学习和思考的物质基础是人的大脑，人的智力是大脑的功能，脑的智力活动是思维，思维的结晶就是人的智慧。人类之所以成为智慧的群体，首先是因为进化使人类有了个发达的大脑，这个大脑与一般的高等动物有什么不同呢？首先我借用电脑的一个概念叫"配置"，人脑的"配置"极高。所谓"配置"极高，就是 1000 多亿个脑神经元连接而成的网络极其丰富，所以首先高"配置"决定了大脑高功能。其次，也像电脑一样，高配置的电脑安装上优秀的操作系统才能显示它的高功能，人脑的操作系统是什么？就是人类创造的语言。人脑内安装上这套语言系统，人才能更好地学习和思考。第三要使电脑功能强大，还必须安装上庞大的数据库，人脑也一样，通过学校学习和社会实践积累的经验，贮存在大脑中，便是大脑的数据库。

通过教育可以在孩子脑内装上语言这个"操作系统"，但语言不能狭隘。专家分析，语言有三类，第一类是艺术的语言，唱歌、绘画、跳舞，用肢体、声音表达自己的语言。为什么小孩子要学唱歌、弹琴、跳舞呢？不是要当艺术家，但每人都要学，都要掌握，你要用这个语言去思维、去创造、去交流。第二类是词汇的语言，中文、英文等，用词汇、用概念去交流。第三类是数学的语言，或者说是科学的语言，有人说它是最精美的语言。如果在小时候学会了艺术、词汇、数学这一套语言系统，就非常完整。艺术语言大概起源于人与自然的对话，人与人的交流形成概念词汇，人与人常常通过概念来交流。所以，我一直在讲，从小让孩子学会语言，这就是我重视语言教育的原因。高配置就要装好操作系统。人学习到一定时候，大脑有庞大的"数据库"，相似块就来了。大量知识储备在脑里，脑内就有一个内存，大脑"数据库"。所以一个人没有知识，智力能力发展是不可能的。信息都捕捉不了，哪来的能力呢？知识是重要的，智力是重要的，能力也是重要的。不仅要学习知识，也要发展智力，更要发展能力。所以人的大脑"配置"高，数据庞大，人就特别聪明。

（五）阅读是开发脑潜能的重要内容之一

我研究这个课题[①]，还有一个直接的原因，就是在 1997 年，美国总统克林顿连任。当年他发表了"国情咨文"，倡导"阅读挑战行动"，即提出要让美国小孩到 8 岁的时候，就是小学二年级到三年级阶段，都能够实现自主阅读。因为美国一个研究报告曾指出，当时的美国小孩到了 8 岁，有 40% 还不能自主阅读，所以他觉得要解决这个问题。那么，他当时提出"阅读挑战行动"，征集一笔钱，一批语言教育专家、志愿者，来推动美国实施这个挑战行动。我看到这个文章之后就想，美国孩子 8 岁实施自主阅读，那么中国孩子能不能做到？然后，我就去查小学课程

---

① 即国家"十五"课题"科学教育——开发儿童少年潜能研究"。

标准，发现中国小孩子在小学二年级结束时，只认得 1600 个字，会写 1000 多个字。一般来讲，孩子要认得 2500 个字才能自主阅读。那么，离这个目标显然是有距离的，那中国孩子该不该就是这个水平呢？于是，我就想通过实验来回答这个问题，把科学认读，实现 8 岁儿童自主阅读的目标列入研究范畴，这本身又是开发脑潜能的一项重要内容。所以认真投入这项研究，也有让中国 8 岁儿童实行自主阅读这样一个目标的追求，这个可能是直接的动力。

之前也有对儿童阅读的思考，正好有这个课题，恰好要开发脑的潜能。大脑操作工具是语言，那么提高语言水平，包括阅读能力，这自然是一项工作。另外，在当时来讲，素质教育的不断发展，除了提升整体素质水平，怎么开发儿童的潜在能力，这个潜在能力是和大脑分不开的。那么，少年儿童脑发育的关键期，目标就要放在婴幼儿教育，这个课题另一层意思就是研究的重点是要开发少年儿童的潜在能力，来提高婴幼儿在此方面的能力和水平。

（六）阅读可以促进脑的发育

关注脑，关注营养、营养科学，不能偏食，保证孩子各个神经细胞健全发育，这是婴幼儿阶段第一任务。第二任务是神经回路的不断完善，需要通过大量阅读来实现。郝明义[①] 是个出版家，他读了一本书，叫《如何阅读一本书》。大概这本书出版四十年之后，他才读到这本书。读完以后，他感慨地说，我是做出版工作的，居然没有读过这本书。之后，他自己花了五六年，写了一本书叫《越读者》。他认为，今天在世界上，单打独斗的行业已经不存在了，都在跨界。他认为人将来

---

① 郝明义，1956 年出生在韩国的华侨。曾任台湾时报出版公司总经理、大块文化创办人暨董事长、台湾商务印书馆总经理兼总编辑、"网络与书"发行人暨董事长、财团法人台北书展基金会董事长。著有《工作 DNA》《一只牡羊的金刚经笔记》《越读者》等书。

阅读也必须是跨界的，既要读纸质书，也要读电子书，不可避免。但是你读电子书也不可能消灭纸质书，将来可能电子书、网络阅读比例会大大增加，你不能否定这个趋势。还比如阅读的视频化，这个事情要辩证处理，不要马上反对，关键问题是你要引导孩子怎么做这个事。郝明义把阅读分四类，把阅读比作吃饭。第一，主食的阅读，你从事什么行业就读什么书。第二，美食的阅读，你喜欢吃红烧肉、油焖大虾，那比如爱读小说、爱读诗歌。我自己最喜欢的、最想读的，叫美食的阅读。第三，助消化的阅读、蔬果的阅读，比如阅读工具书，帮助你消化的阅读。第四，休闲的阅读，像吃瓜子的阅读。人一生的阅读离不开这个四类阅读，需要大量信息刺激。

（七）和谐的外部环境对脑建设起积极的重要作用

和谐的情感环境对脑发育很重要。孩子小时候，夫妻俩老吵架，爸爸再恐吓小孩，会造成小孩大脑神经回路残缺不全，这段时间要关注营养、信息、成长环境，让孩子有一个比较正常的环境。很多人讲，不带孩子旅游，原因是记不住，白去。这话也是对的，是记不住。发育的时候，短时记忆正在发育，长时记忆还没有发育。但是你要让他"打个底子"，你就让他在很愉快的过程中，去记一些东西，对他的成长是有好处的，对他大脑结构神经回路发展也是有好处的，效果可能从外在测量是很难的，但这对完善大脑神经回路建设能起积极的作用。

（八）素质教育需要研究脑

1977年恢复高考之后，特别是1985年全国教育大会之后，全国的教育得到了迅速的发展。随着中小学快速发展，学校之间的升学竞争也越来越激烈，这种竞争导致学校的压力不断增大，最终都转移到学生身上，学生学业负担越来越重，学的很苦。而且这种压力逐级传递，由高中到初中，再到小学，甚至到幼儿园，这种状况引起社会的广泛关注，以至于成为各级"两会"的热门话题。针对这种状况，不少学校主动探索，涌现出一些教育教学改革典型。那段时间主要流行的提法是"快乐教育"。"快乐教育"的提法和成果得到当时北京市教育局局长、北京市人大常委会副主任陶西平的关注。他在北京倡导"快乐教育"，后来得到国家教育委员会柳斌副主任的支持，在全国树立了7所小学作为"快乐教育"的典型，江苏省占了2所，一所是南京市的琅琊路小学，另一所是无锡师范附属小学。再如，一些学校针对办学方向上出现的偏差，只重视少数尖子学生，忽视多数学生，甚至放弃成绩差的学生的现象，倡导"成功教育"。像上海市闸北区第八中学就是这样的典型，校长刘京海就面向全体学生努力改革教育教学，让这些成绩差的学生也能感受到成功的喜悦，刘校长把它叫作"成功教育"。一时间"成功教育"广受媒体赞誉。还有一些学校针对重智育，轻德育，只重视考试科目，不重视非考科目，甚至不考就不教的教学状况，一批重点中学校长带头倡导"和谐教育"，努力改变"高分低能"现象，"和谐教育"也受社会的广泛赞誉。

当时，我比较关注这些教改典型经验，我认为不管是"快乐教育""成功教育"，还是"和谐教育"，都是针对教育出现的一种偏差，提出的一种解决问题的办法。倡导"成功教育"意在面向全体学生，倡导"和谐教育"意在让学生全面发展，倡导"快乐教育"意在让学生生动活泼的发展。但这三者都不能涵盖教育本质特征。就在这个时候（1989年）我看到《上海教育》上一篇文章的标题中出现"素质教育"字样，一眼看去我便认定"素质教育"这个提法能揭示教育的本质特征。因为教育的任务就在于提高人的素质，所以，我非常认同"素质教育"这个提法。后来，柳斌副主任在谈素质教育时，他说素质教育有三个要义：一是面向全体学生；二是让学生全面发展；三是让学生生动活泼的发展。事实上，也是肯定"素质教育"这一概念能较好地揭示教育的本质特征。1990年初，我们就组织人员开始研讨并起草推进素质教育的文件。12

月，江苏省教委颁发了《江苏省教育委员会关于当前小学教育改革的意见（试行）》（简称"江苏省教委 1990 年 45 号文件"），在江苏省举起了素质教育的旗帜，并决定从小学抓起进而推动初中再影响高中。1991 年，《人民教育》第十期发表我的《首先把素质教育的任务在小学抓落实》这篇文章，应该是《人民教育》上第一篇谈素质教育的文章。

20 世纪末，我认为素质教育除了提高人的素质，还要开发人的潜能，潜在能力是要把它调动起来，那么人的潜能在哪里呢？主要在大脑里。所以你要调动人的潜在能力，你就要研究脑。这个时候，李岚清副总理主管教育以后，他就讲要开发人脑，特别是人的右脑。当时，各国都在研究脑的问题，特别是美国、欧洲和日本。人的潜能就要通过我们去研究开发。首先要了解脑，然后掌握脑科学有什么研究成果，你才能够保护脑、开发脑。你没有对脑的认识，就没有对脑的保护和开发，所以那个时候，我就想组织大家来研究开发人脑，这个课题就出来了。

二、为什么要关注相似论

（一）和张光鉴教授的初识

结识张光鉴是在 1998 年 5 月，在连云港召开的江苏省特殊教育科研和通讯工作会议上，由《现代特殊教育》超常教育版主编徐文怀介绍认识的。那天晚上，我们在宾馆同住一室，彻夜长谈，相见恨晚。他赠送了一本自己的专著《相似论》，我认真拜读，大受启迪。我对徐文怀说，相似论是我国在思维科研领域的新成果、新理论，它集本体论、认识论和方法论于一体，有高度、有深度，还有可操作性，我们要把他请到江苏来，帮助我们深入开展教育科学研究，指导我们省中小学的教材建设。之后，我便请江苏省中小学教学研究室副主任、小学语文教材主编朱家珑先生正式邀请张光鉴教授来江苏，在南京市金城花园（小学语文编辑部）住了下来，从那时算起张教授在江苏整整 20 年。

（二）和相似论联系到一起

开发人的潜能，人的潜能在哪里？我看就在人的大脑里，钱学森关注人体科学、关注人的大脑、关注思维科学正是为了能动地改进人的能力，开发人的潜能。因此，我才有机会结识钱先生的学生和助手张光鉴教授。20 年间，张教授作为由我主持的国家教育部"科学教育——开发儿童少年潜能研究"课题组专家做了大量工作。首先得从课题由来说起，20 世纪末，李岚清副总理倡导关注"右脑开发"，引起我重新关注教育如何开发学生身上潜在能力的思考，为此我读了一些关于脑研究的书籍。南京大学脑科学研究专家吴馥梅教授说，"只有认识脑，保护脑，才能开发脑"。因此我想要求学校关注学生潜能开发，关注学生的脑，就必须在校长中普及脑科学知识。于是，在我兼任院长期间，曾在江苏教育学院举行专题报告会，请脑科学家、心理学家给校长作报告。张光鉴教授把这消息传递给时任教育部副部长韦珏，她得知后，让她的秘书给我们打了电话，说要来参加会议。后来，她真的来了，还带了教育部科技司、基教司等几位司长。在会上，她听了脑科学家及心理学家的报告，还看了小学生科技活动成果的汇报，非常兴奋。晚餐时，她说，李岚清说要开发右脑，你们可以搞个课题开展研究，我的部长资金中给你们 30 万元资助。后来就有审批立项的这个国家教育部"科学教育——开发儿童少年潜能研究"的课题。

课题开题时，韦部长还亲自参加开题会，请中国脑科学研究首席科学家杨雄里[1] 作科学报告。钱学森的秘书涂元季也出席了开题会。我们

---

[1] 杨雄里，1941 年生于上海，祖籍浙江镇海，神经生物学家、生理学家，中国科学院院士，发展中国家科学院院士，中国脑科学计划的筹建者和推动者。

"科学教育研究"课题开题报告会（周德藩供图）

关于科学教育的部分书籍（周德藩供图）

邀请南京大学、东南大学、南京师范大学一批专家为课题专家，指导课题研究。课题开展之后，我们发现课题涉及面过于庞大，后来我们把深入的理论研究交由东南大学负责，我们主要组织教育工作者从自身的特点在幼儿园、小学来开展实证性研究。为指导基础研究，我们组织专家编写了一套《科学教育与潜能开发丛书》，一共五本，韦钰副部长还为丛书作序，这套书在当时形成了一定影响，在台湾出了繁体字版。张光鉴教授亲自编著了《科学教育与相似论》，开启了他参与江苏中小学教育科研和教材建设的历程。

三、思维科学与相似论的关系

（一）思维科学是一门技术科学

在钱学森看来，科学是个体系，科学是个系统工程，科学是有结构、有层次的。他说，最基础、最面广量大的是技术，叫工程技术；指导技术的是技术科学；再高一层次是基础科学，基础科学包括自然科学、社会科学和数学；最高层次是哲学，主要是马克思主义哲学。举个例子来说，无线电是项技术，学习掌握了就能装一台电视机、收音机，但是指导这门技术的是无线电子学，无线电子学就属于技术科学，当然学习无线电子学又必须在学习自然科学的基础上进行。

其实人的思维也是一门技术，不管是逻辑思维、直觉思维还是顿悟和灵感，都是技术层面的，都是可以学习和实践的，但是指导这些技术的技术科学是什么呢？我以为《相似论》便是指导思维技术的一门技术科学，至少是指导思维的技术科学之一。我想钱学森要求张光鉴写《相似论》并筹备思维科学研究所，恐怕也是为了建立一门指导思维的技术科学。

（二）相似是同和变异的统一

张光鉴把自然的相似性、历史的相似性，引申到相似的普遍意义，一直追到基本粒子的交换。他定义了相似的概念：相似是同和变异的辩证统一。"同"决定了继承性和连续性；"变异"决定了发展性和创造性。这个世界正是因为相似联系、相似运动，才由简单到复杂。其实人的思维也是因为相似才得以开始，因为高度相似才得以激活，最后达到以相似创造。他还提出人脑中有一个"相似块"的存在。这个相似块到底是什么东西，现在还不得而知。但是它一定与人脑中神经网络连接的基本单元有关，它不是单一的物质存在，它一定还贮存着大量的经过人学习的知识和经验，是硬件与软件的集合。它不是静止的，还应该是物质能量和信息的统一。正是因为这个相似块的存在，人的思维得以发生。如果给我们看一张胸片，我们可能一无所知，可是医生就可以看出心肺正常或者患有疾病，为什么？他有那个知识背景，我们没有，无法捕捉那些信息。一个知识和经验丰富的人，才能产生相似联系，才能捕捉信息，也才能作出分析、判断，才有可能实现创造。所以，我们一定要正确处理知识、能力和智力的关系。

再比如说教育学，很多人不承认教育学是一门科学。因为教育学逻辑起点模糊。因为没有逻辑起点，就不可能形成一门科学。教育学有没有逻辑起点呢？过去教育学是社会的需求，按社会需要培养人的一门学问，那是教育社会学的培养目标。后来，以经济生产发展为目标，教育培养劳动者和接班人，这是教育经济学的逻辑起点。现在以人为本，促进人的发展，这是多方面的，工人也是，农民也是。教育是从哪个层面促进人的发展？我个人认为，教育服务于人的学习需求。人比动物有更多学习指向的需求。要以人为本，教育从很大程度上是满足人学习的需要。农业是满足人吃穿的基本需求，工业是满足人更多的需求。教育就是满足人学习需求的一个层面。所以，我更希望教育学逻辑起点定位于促进人的发展，满足人学习的需求。

（三）如何扩大相似论的影响

前面我说了，读了《相似论》，我受了很大的启迪。反复阅读，再反复与张教授交流，我总感到相似论是一部指导人思维的技术科学。我一直希望张教授把《相似论》改写为一本通俗的小册子，在大众中普及，我甚至自告奋勇对他说，我愿意跟你搞个关于相似论的对话，把相似论告诉大众，不管是普通民众，还是教育工作者，也不管是科学家或领导干部，他们掌握相似论，都会改善其思维品质。

四、相似论在教育领域的运用

（一）变与不变

张光鉴的《相似论》揭示了相似的普遍意义，张光鉴把相似定义为同和变异的辩证统一，是马克思主义唯物辩证法在思维科学中的应用。遵从人思维的相似原理，使人正确把握变与不变、绝对与相对的辩证关系，使人从容面对现实。牛顿在绝对的时空中，发现物体相对运动规律，确立了力学体系，爱因斯坦在光速不变，自然规律不变的基础上创立了相对论。就当今的教育工作者而言，尤其是从事基础教育工作的同志们，如何在变中坚守那些不变的东西，把握"同"才能传承，才能持续。教育，特别是基础教育中的永恒主题是不变的，变了就不是教育，变了就是折腾。比如学校管理常规不能变，变了学校就会乱；教育的教书育人、立德树人不能变，变了社会就会乱。坚守了不变的，教育才能持续，社会才会稳定。在这基础上求变才是创新。

张光鉴说，人脑中有个"相似块"，这个"相似块"不是单一的神经单元，其中存在大量的信息，这些信息便是人们学习的知识和经验的汇集。正是这些信息的存在才能产生相似的联系，从而形成相似的运动。当高度的相似时才能产生相似激活，从而实现相似的创造。从这个意义上讲，我们在任何情况下，都不要排斥知识的学习与积累，不可丢掉中国教育这个优势。

20 世纪末，张教授的思想影响了一大批江苏中小学教师，并在一定程度上推动了江苏的小学语文教材建设。高万同老师他们听了相似论这个东西，觉得很好，编教材过程中，将这个思想融入其中，引导课程改革。高万同老师还写了一本书，形成了自己的想法。为什么要搞一个通俗的东西呢？要把这个观点变成公众接受的观点。大家在做任何工作的时候，形成一种思想方法，这就是思维科学。我在思考问题、处理问题的过程中，遵从这个规律，这就是技术科学。好多东西得说出来的，就是首先找普遍性，相似的运动、联系，相似的重组和创造，实际上核心就是变中不变的关系。抓住不变性，不变的关系就是规律，就是自然之道。

一个作家写一本小说，一定是有相似的原型，他不是凭空想象的。任何一个东西，都会找到一个不变的东西。虽然世界纷繁，那些大家们都找到了一个不变的东西，一个源头，他就发现一个真理，创建一门学科。为什么要讲教育学的逻辑起点？这个学科是从哪里来？没有一个原点，就不可能成为一门独立的科学。为什么人家老说你这个教育学不是科学，像个小姑娘任人打扮。教育是促进人的发展，但促进人的发展不是教育学一家的事，很多事情都是为促进人的发展，到底教育学为促进人的发展做了什么。我想就是人有学习的需求，人有吃的需求、穿的需求，也有精神的需求，但是人是一个特别的动物，特别能学习，有学习的需求，而学习的需求正是教育服务的立足点。通过服务人的学习，提高学习水平，然后发展各方面的才干。这就是教育学的逻辑起点。

（二）来源于生活的研究

我们这个研究是形散的，不是有严格规范的程序。当时做这个事情，题目也是大家一起想的，严格按照一个按部就班的程序也是很难的。比如说，人家读了他的书①，接受他的想法，自觉不自觉地都在实

---

① 指《相似论——思维科学的新理论》。

现。在编写语文教材的时候，自觉不自觉地做，很自然地按照相似基本观点去处理问题，觉得有道理。他们在编写过程中，一个单元接一个单元，提供写作范例，实际上就是通过相似的联系，或者心理学的迁移，去处理教材，然后继续引导课程改革。课题研究实际上也是跟生活相联系的。

比如说识字教育。20 世纪末，我在泰兴市一个幼儿园小班听课，老师投影一幅画，上面是燕子飞，下面有一行字"燕子向南飞"。一个小朋友站起来说，那个字是"南"。老师说，小朋友你真聪明，你怎么认识这个"南"字的啊？下面小朋友异口同声地说，麻将里有。大家都笑了起来。下课的时候，我发现小朋友都认得"东南西北中"，原来泰兴市是个麻将之乡，我头脑里立即出现了陶行知先生的"生活即教育"一说。现在孩子已经生活在文字的海洋之中，抬头见"字"，文字触手可及。参与我们课题研究的老师创造了许多认读汉字的好方法，学校门前的路口，各单位门牌可以成为教学对象，关注门牌即可认字，可以利用超市的易拉罐上一堂认读课，因为上面有汉字标识，认读汉字成了孩子们最喜欢的一项活动，自然识字水平就大大提高。在我们实验单位中，幼儿认几百个字是普遍的，甚至达到 1000—2000 个字，小学二年级学生认读 2000—2500 个常用字也是普遍的，他们自然就能自主阅读。后来我们把实验推移到小学中高年级，学生阅读量大大增加。学生的语文素养得到有效的提升，这样就能改善并优化大脑操作系统。

五、钱学森对教育的构想

《新华文摘》登出来关于钱学森的大成智慧，是关于他对教育的构想。后来他的堂妹钱学敏也写了篇长文章。钱学森认为，我们教育不需要这么长时间，博士出来，都快 30 岁了。他认为，教育可以从 4 岁开始，以色列就是，12 岁完成大学前教育。13 岁到 17 岁这 5 年完成高等教育。其中用 1 年时间，读硕士；再用 1 年时间学专门本领。18 岁后一部分进入研究阶段，读博士；另一部分进入社会工作。我始终相信是可行的。我接触了这么多孩子，发现孩子的潜能是巨大的。我们完全没有认识这个巨大的潜在能力。但是反过来，又不恰当地加给孩子很多任务。如果我们用 8 年来进行基础教育和高中阶段教育，是一点问题都没有的。

在江苏教育学院附中工作期间，我曾经安排过 15 名学生跳级，回过头来看，这 15 名学生都成长得很优秀，实践证明跳级是成功的。那是在 1978 年到 1981 年间做的，首先从一位叫鲁宁的学生开始，当时学校根据毛主席"学制要偏短，教育要革命"的指示，我们实行的是小学 5 年、初中 3 年、高中 2 年，即"5、3、2 学制"。这个孩子在小学"戴帽子"①，初中二年级进入我校，期中考试前，他的物理老师告诉我这个学生很聪明，我就建议他参加中国科技大学少年班首届招生考试。考完之后他哭了，他爸（爸妈都是河海大学老师）问他哭什么？他说，人家都说我成绩好，可我怎么考得这么差？但是同时请他爸来找我争取参加复试。后来，我找了科大招生老师，同意让他复试，我就对他说，还有 10 天复试，你不要来上课了，在家准备吧。复试后他仍未被录取，但是他不哭了，他告诉我，这 10 天学习的东西，比他平时 1 年学的东西还要多。根据他自学的内容，我说，你初三不要上了，直接上高一吧。在高一第一学期，他把高中的内容学得差不多。正好那年我教毕业班，我对他说，春节后你就到我班上来上课吧，准备参加 1978 年高考，结果他以全南京市第 3 名的好成绩被南京大学数学系录取，那年他才 15 岁。鲁宁一年连跳三级考上名牌大学，使我看到了一批优秀学生的潜力，跳级就是这些优秀学生在常态中实现非常发展的通路。1978

---

① 戴帽子，意思是优秀、聪明。

年我又让一位叫杨亦文的女生跳级参加 1979 年的高考，同样取得好成绩。1979 年我又选了 12 位学生跳级参加下一年的高考，全部考入重点大学。与此同时，我还从小学选拔 1 名叫刘向民的同学，小学少读 1 年，初中少读 1 年，高中少读 1 年，后来也是 15 岁被科大少年班录取。实践证明这 15 名跳级生都很成功，而且是在"5、3、2 学制"下跳级的，可见学生身上的潜力是巨大的。所以这就是我相信钱学森这个构想可行的原因。

杨淑芝访谈

[题　记]

　　"我记得很清楚，1986 年 8 月初，正是暑假期间，我从市里回来，经过学校图书馆前，正好看到书摊卖打折书。没翻几本书，《关于思维科学》这本书便映入我的眼帘。书的标价是两块八，书商五折卖给了我，那就是一块四。这一块四的书啊，影响了我后半生。可以说，这本书让我拥有了异样的人生，成就了我的教育梦！"

[访谈信息]

　　访谈者：马敏

　　受访者：杨淑芝

　　访谈时间：2017 年 5 月 4 日

　　访谈地点：洛阳师范学院图书馆

　　录音整理及文稿编写：马敏

[杨淑芝简介]

　　杨淑芝，女，1945 年生，辽宁朝阳人，洛阳师范学院教授。从事教育教学实践工作近 40 年，致力于思维科学和国学研究 30 多年，提出相似诱导教学模式、相似语言学及相似教育理论。代表性论文有《英语教学法教学探索与实践——兼谈如何培养合格中学英语教师》《微格相似诱导教学法的理论构架与实践》《相似诱导教学模式的科学效应机理分析》《相似诱导教学模式简论》《教育教学中相似规律的探索》；代表

杨淑芝（杨淑芝供图）

性著作有《递系相似诱导教学模式》《实用相似语言学：英语教学捷径》《教师教育的相似理论与实践》；主编《实用相似英语词汇学》《实用相似英语语音学》等。

一、求学为师之路

（一）梦想当老师

我是辽宁朝阳人，出生在一个很困难的农村家庭。小学学习比较好，就在我们村里头。五、六年级就到镇上去了，后来又考到我们镇上的中学。初中毕业之后，我就考上了朝阳市省重点高中。进了重点中学之后我就发现这老师太好了，讲课就两根粉笔，黑板写得整整齐齐，数学的、物理的、外语的，真好。自此在内心深处埋下了要当老师的种子。但是我再也不是班级前几名了，因为班里几个男孩儿比我聪明，我虽是在前 10 名之内，但总是追不上他们。我们同学百分之九十都是从初一到初三学外语，我没有学，零起点跟人家比赛。期中考试我全班第一，得了100分。那张卷子一个标点符号都没错，我保存好几年，从此我就充满了自信。那个俄文老师衣着讲究，裤子笔挺，头发抹着发蜡，特别像外国人。他特别严厉，我害怕他。我从此就像戴了个枷锁，心里害怕老师跟我发威："你敢给我考第二！"所以从高一到高三，我俄语考试一直保持第一名的成绩。零起步和学3年的人相比，我居然是赢家，我就找到了一个原因。

我不爱记背嘛，语文连连答几个2分。那时满分5分嘛，我答2分。老师说，敢答10个2分，这学期语文我不给你及格。后来答了四五个2分之后，我警醒了：我要再答2分，语文就不及格了，所以我就开始背。每天老师都来考试，背精彩的段落。后来紧接着5分5分5分，到什么程度？5分得的多了，老师看我卷子，不看就给5分。我的语文功底是那时打的基础，所以我现在不反对背。

考大学我报的第一志愿是沈阳师范学院，如愿录取了，这梦就开始做吧！我大学是英语专业，可我高中学了3年俄语。我们同学百分之七八十是从沈阳、大连这些城市来的，大部分都学过英语，我又从零起步跟他们比。如同高中一样，我还是第一名。我就是这样，老师你教啥我会啥。结果这梦还没做完，大二时"文化大革命"开始了，我们学校由沈阳迁到了朝阳，变成一个山村的师范学院。我学习还是挺努力，别人要是那个七点钟起床，我会五点钟起来上后山背英语去。背啥呢，背诵英语版的《为人民服务》《纪念白求恩》《愚公移山》，背得滚瓜烂熟呀。

（二）生活从三尺讲台出发

1969年毕业后，我被分配到内蒙古赤峰下属的一个敖汉旗中学。当我站在讲台上，幸福感向我袭来！太喜欢这个讲台的感觉了！看着那一双双眼睛，那么兴奋，那么高兴！学生们可以笑，可以获取知识。哎呀，太好了！我一登讲台，学生就特别欢迎。学生有时候不叫我老师，叫姐姐，因为我比他们大得不太多，七八岁吧。然而不幸还是接着来了。我才知道，一切事情都不要太乐观，太乐观时它会有些挫折；但来了坏事你也不要悲观，它会前进的，所有的事情都是循环的。我受了点挫折，但一点儿也没在乎，我还照旧该怎么着就怎么着。后来英语课停了，我又去教语文。然后语文老师饱和了，我又去教政治。政治实际特别养育我的思想，不管我讲得好不好，反正学生挺喜欢。我讲得特别通俗易懂，我是吃透了才去讲。

紧接着政治也停课了，我开始抓文艺宣传队。那时我在内蒙古乌兰木旗，学校让我带学生去乡下演出。整整一年我编相声、小品、歌曲、舞蹈……什么都做。我特别感谢这段时间：一是深入农村，我过上了喜欢的农村生活，又回到了我小时候那种状态；再就是，这个工作逼得我唱歌、写作，我爱人写剧本，我们带着学生演出。所以我那帮演出队的学生们现在都会唱歌、拉琴，就是我培养了那么一批学生。他们说："杨老师，你创造了一个高峰，以后再也没有了。"那段生活回想起来，太有意思了。1976 年，我又被分配到一个小山村去。在那个生产队里面，我和我爱人办了一场规模特别大的关于毛主席的展览。学校那个办公室都是毛主席的生平、照片，结果惊动了人民公社，公社那些干部都来看。

在困难的环境中，艰苦朴素的精神、奋斗的精神都培养出来了。如果我毕业以后就在城市里教大学，我不会是这样的。所以我就感觉那段生活养育了我。回想这些经历的时候我觉得特别幸福，特别温暖。就是这么一个信念：爱国、爱土地、向上，成为一个有用的人。然后就是要改变自己的命运，我要当个好教师影响一批人，让学生都像我这样。我就是教师崇拜，觉得这个职业太神圣了，教出这么多好人。

1978 年后，我从乡下那个村落又被调回了镇上，从镇上又被调回了县城，调回了敖汉旗。当时整个敖汉旗全县里面没有英语老师，把我调回去培训师资。培训师资就是一个班一期 50 人，一年一期，学大学 2 本英语教材。完了他们 1 年以后回去当英语老师，整个敖汉旗 100 多名英语老师全是我一手塑造出来的。那个时候，一篇文章我不默写下来，我不上讲台。

英语师资培训班之后，上级又把我调到重点中学教高中。当时高中是两年制，我那个班的学生是从乡下招来的，是从零起步的。结果我的学生学 2 年英语，高考平均成绩超过平行班学 5 年的学生，而且最高分都在我们班。我那个时候也没有理论，就是一定把这本书的最核心部分给学生。会 1 个就会 10 个，触类旁通，正是相似。你要是捋裘皮大衣的时候，拿着衣服领子一捋，就顺了；你一捋袖子了，毛炸了。所以振裘持领，万毛皆整。我给孩子们的知识，都是裘皮大衣的领子，顺着往下一捋，"哗"，全出来了，特别简要。我上课很少讲新东西，学生说没讲课，因为我垫了一点儿新东西，都是旧的。以旧学新呀，也就是从已有相似块去匹配。当学生这节课全是新东西，啥也学不会。我的一个口号是"插柳不让春知道"。

后来我爱人来到了洛阳师范学院，然后我就被分配到图书馆，我开始扎进图书馆成天读书。但是我留恋那三尺讲台，我离不开三尺讲台。后来外语系有一门学科是英语教学法，没人愿意教。那门课又教方法又教英语，那是哲学范畴了。实际上老天爷成就了我。我教了十几年英语，高中教过，师范学院教过，我还带过小学英语班，教英语得心应手。让我讲教学法，我回忆一下，这里面理论是啥，我怎么做的，我这一总结就出来了。我代了一段时间课后，学生找系主任去了，说这么好的老师你们不要。那是 1985 年，于是我就成了英语系的专职教学法教师，兼教英语口语课。教了两个学期下来，我突然发现，各种教学法都是外国的，什么听说法、功能法、交际法、暗示法等等。为什么中国没有？作为一个中国人，我的自尊心受到了极大的伤害。于是自己暗暗下决心，我得找到一套比外国还好的方法和西方抗衡！给祖国争光！只是心里不服气，不敢露，怕别人说我狂，我下的是暗劲。这一找就是 20 多年，太不容易了！

你有决心做一件事情，就像这个大海用斗来量，终究有一天能把它量完。持之以恒是最高的德，做事必须持之以恒。然后呢，我觉得选择了人生的目标，就一直走下去，就是慎终如始，终善为上，这是儒家经典里最精彩的。老子提出慎终如始，结果像开始那么重视，则无败事，就没有失败的事。终善为上，结果好就好；你无论怎样努力，结果不好，这件事就是不好的。所以说，我虽不是那个最好的，但是我一直咬着它没有放，就是咬定青山不放松。我天天琢磨，还应该怎么做。到2016年，我就感觉这成果基本上是做出来了。

现在想想，我能取得这么多成绩，除了自己能吃苦之外，可能在不知不觉中运用了钱老思维科学和相似论思想，只是当时没有意识到而已。

二、两图一画三十年

（一）与钱老思维科学相遇

我特别崇拜钱学森，但是我之前一直没有思考他的真正思想到底是啥，也没有哪本书像这本书彻底影响了我的思维。钱老主编的《关于思维科学》一书伴随着我这三十多年，1986年到现在。我记得很清楚，1986年8月初，正是暑假期间，我从市里回来，经过学校图书馆前，正好看到书摊卖打折书。没翻几本书，《关于思维科学》这本书便映入我的眼帘。书的标价是两块八，书商五折卖给了我，那就是一块四。这一块四的书啊，影响了我后半生。可以说，这本书让我拥有了异样的人生，成就了我的教育梦！

对于钱老这本书，我不是读，是啃，是嚼。全书通读一遍后，我重点选择了我的思路定位。我把钱老的两篇文章《关于思维科学》和《关于教育科学的基础理论》通过精读来研究。钱老在他的《关于教育科学

1986 年 8 月，杨淑芝所购钱学森《关于思维科学》一书（马敏供图）

的基础理论》一文中五次呼吁我们从古今中外的教育经验中总结出教育科学的基础理论。四五千字的一篇文章，钱老竟五次呼吁，让我们走进古今中外去寻觅方法、途径，解决教育的根本问题。正好我研究方法论，这是我得天独厚的条件，因为方法论这个领域是养育人的领域。

在这本书的后记中，钱老这样评价李泽厚：另辟途径，把中国古老的"悟"请出来了；赞扬张光鉴先生的相似理论"很有实际意义"。李泽厚在《漫述庄禅》里谈到慧能，他写的非常好，我从这里走进了禅宗，走进了古代哲学思想。张光鉴先生的相似论被我当作了探索教学改革的理论。储存在大脑中的知识单元叫相似块，这个词一命名以后，我们就知道了知识是怎么获得、怎么运用的，那就是积累建构相似块。这些相似块在大脑中不是静止的，非常活跃。它们在自己组合匹配，不断碰撞激活，大脑就激活了。张光鉴先生的这番论述一下子打开了我思想的闸门。学生学习不就是相似块的相似集中、相似建构、相似匹配、相似激活、相似创造吗？西方认知科学长篇大论都解决不了说不清的问题，张先生寥寥数语全捅破了！从此我饮到了教育教学方法的源头活水！我从相似论走进了教育，我从李泽厚的书中走进了教育，我才发现这是教育的最高境界，一到这种境界就天人合一了。

当时我们学院还是师范专科学校，主要是培养中小学教师。我是英

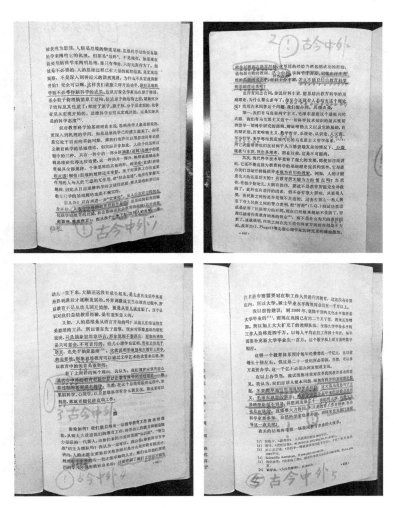

杨淑芝在《关于思维科学》一书中所做笔记（马敏供图）

　　2000 年 4 月，杨淑芝（右）与美国微格教学创始人德外特·艾伦博士（左）合影（杨淑芝供图）

　　2000 年 4 月，杨淑芝（左一）、德外特·艾伦博士（左二）和学生在相似微格教学示范课上（杨淑芝供图）

语系教师，依据相似理论创立了"英语教学能手培训四步相似诱导法"，我的第一篇文章，1989 年发表在《课程·教材·教法》上。[①] 然后就开始评省一等奖，紧接着就立国际项目。当时担任联合国开发计划署基础教育首席顾问的德外特·艾伦[②] 博士参访我们学校，他评价课题时说："概念极佳，有潜在的非常重大的贡献。"

2002 年，我的《实用相似语言学——英语教学捷径》出版。2004 年，同时出版《实用相似语言学——小学英语做中学》和《实用相似语言学——中学英语做中学》。这一系列丛书解决了小学英语、中学英语、大学英语教学法的一体化，形成小中高大教学法相似递进、相似联系、相似连接的一体化英语相似教学，形成了中国话语教学法流派。2004 年，"相似教育论在中小学教师教育实践中的应用研究"这一课题列为教育部"十五"规划课题。

相似教学模式在社会上引起了关注和反响，我到洛阳市教育局给校长培训班讲课，给骨干教师讲课，还到学校去讲课。有的中小学跟着这个课题做，他们立项获奖，参与的人员中大中小学、省内外都有。我们学校每届新教师入校都有关于相似教育教学、思维科学、相似论的不同讲座，每年都有各种不同类型的培训班。其中英语教师培训这一块儿做的多，效果也好。

回想这 30 多年钱老思维科学对我的影响，可以分为这么三个阶段：第一阶段是与思维科学相遇，尝试应用；第二阶段主要是用相似理论提出相似诱导教学模式，以英语教学为主题出版了系列丛书，推向各门学科教学；第三阶段是在古为今用中借鉴与突破。在 2005 年退休之后，我再度被钱老"古今中外"一词唤醒，反思相似教育对人本重视不足，只

---

① 《英语教学法教学探索与实践——兼谈如何培养合格中学英语教师》，《课程·教材·教法》1989 年第 10 期。

② 德外特·艾伦，执教于美国弗吉尼亚州欧道明大学，致力于教育改革，20 世纪 60 年代创立的微格教学法风靡世界。

强调教育、教学的问题。我开始读古圣先贤的书，一句一句译《大学》《中庸》《老子》《易经》《坛经》《孙子兵法》，出版了《走进国学经典》《走进老子》《徜徉击壤集》几本书。我以教育之眼读之，无一不是教育。这些年探索的教育成果在钱老对"古今中外"的呼吁中形成了古为今用的格局，也就是老子的"执古之道，以御今之有"。① 在古为今用中相互融合，在借鉴中突围，在运用中求变，把先哲的思想推向了现代化。

（二）相似观物圆觉教育图解

最早相似诱导教学模式这个图复杂得很，一百多字觉得还挺少，但是你拿去不会用，我自己也说不清楚。我说这样给人讲多麻烦呀，就开始不停地删，天天改，看怎么才对，最后才成了相似观物教育示意图。

有六个字指导了我这十几年的思维，就是：相似、德圆、易简。一切事情都围绕这六个字做出来的，我这十几年最终落实了这六个字。我给你背吧："易则易知，简则易从；易知则有亲，易从则有功；有亲则可久，有功则可大；可久则贤人之德，可大则贤人之业。易简，而天下之理得矣；天下之理得，而成位乎其中矣。"② 那么这段话什么意思呢？谁得彻底的易简，谁把天理悟透了，事情肯定成功。就这段儿，我提出两字：易简。与天地相似，与万物相似，我进而提出两字：相似。因为只有圆才能是速度最快的，不行而至，不疾而速。《易经》里说德圆而神，我又提出两字：德圆。我整个思维是按照这六个字走的，然后又用这六个字去解万物。

我就用这六个字画出两个圆来了。第一个圆叫作相似观物成人成己圆梦图，第二个呢，相似观物求知圆梦图。这两个圆画完之后，基本上我就不能否定自己了。所以我说两图一画三十年，竭诚尽敬磨路砖。智者笑我愚若此，信而好古学圣贤。

---

① 《道德经·第十四章》。
② 《周易·系辞上传》。

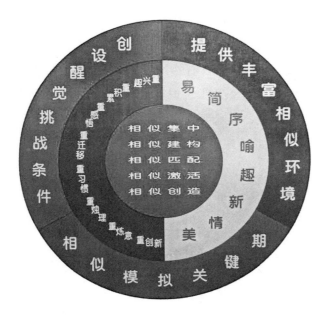

相似诱导教学模式图示（马敏供图）

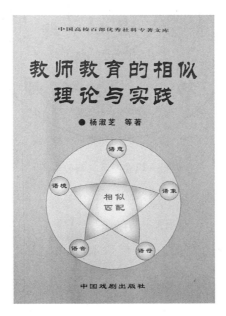

《教师教育的相似理论与实践》一书（马敏供图）

2006 年，我的《教师教育的相似理论与实践》出版，这本书的封面图示是相似教育的学习或求知模式，也叫相似观物求知圆梦图。其中语境是开发情商，语象是开发右脑，培养形象思维。五维并置，启动认知的六识，就是眼识耳识鼻识舌识身识意识。老师们讲课一般是语符、语音、语义三个维度，为啥课堂不生动，少语境和语象两个维度。语境就是营造氛围，拿来道具、教具、图画，让学生身临其境，如闻其声，如见其人。让学生觉得有意思，只有兴趣才能使他欲罢不能，没有兴趣学着就疲劳。这本书的封底图示是相似教学模式的图解。

相似育人模式图示（马敏供图）

这个相似育人模式图里三个圆环环相抱，一中有多多中有一。如同一个人有四肢，一个头有五官一样，是一不是二，这就是老子的"抱一为天下式"①。文化的传承要遵循老子的"执古之道，以御今之有"②，践

---

① 《道德经·第二十二章》，原文为：是以圣人抱一，为天下式。
② 《道德经·第十四章》。

行老子的"道生一,一生二,二生三,三生万物"①的哲学思想。此图也可以说:一宗、两翼、三要素。现在咱们以钱老为相似诱导的楷模,作跨越时空的组合,来解读这个教育模式。

一宗指教育的宗旨是成人成己,培养人成为他自己想成就的人。人是教育的起点也是教育的终点,所以人是核心。成人就是:"口能言,身能行,国宝也。口不能言,身能行,国器也。口能言,身不能行,国用也。口言善,身行恶,国妖也。"②就是通过教育使所有的教育对象成为社会上各行各业的合格人才。成己就是使极少数人成就自己的梦想,在某一个领域进入"无人区",引领人类潮流,改变人类命运,推动人类社会发展。教育就是培养国宝、国器、国用。这个国宝是世界上独一无二的,一个人的成就可能改变其他人的生活,钱老这样的就是"国宝"。

二翼就是天地人三才相似。人只有与天相似才能自强不息,与地相似才能厚德载物。天无私覆,地无私载,日月无私照,天文地文把人文推向人类觉悟的制高点,其内容太丰厚,一言难尽。"与天地相似,故不违"③,所以教育要与天地相似,天行健,教人以自强不息,地势坤,教人以厚德载物。把天覆地载之情投入到人类教育的大视野中,就是相似观物圆觉教育的言与不言。观物首先是观天地,其次是天地孕育的万物。以谦卑心、敬畏心、平等心、清净心、恭敬心、真诚心观人观物,再去诚意正心格物达致知,修成圆满的觉悟圆融的智慧,使受教育者一生充满正能量。

三要素指孝亲尊师、随资顺势和挑战醒觉。孝亲尊师是做人第一步,教育最终目的是使人成仁,仁的特点是爱人利物。孔子说他志在《春秋》,行在《孝经》,孔子一辈子都行在孝字上。国之本在家,家之本在身,身之本在德,德之本在孝,孝是人类道德的起点。《孝经》说:

① 《道德经·第四十二章》。
② 《荀子·大略》。
③ 《周易·系辞上传》。

"夫孝，德之本也，教之所由生也。"① 也就是说，教育是由"孝"衍生出来的，这是受教育者学做人的起点、根基，只要这个基础打牢了，教育就上了正确的人文轨道。在这一点上，钱老践行的是大孝，就是报效祖国，守护祖国母亲的疆土。

周敦颐曾说随其资而诱之，就是教育者和教育对象要相似，他有啥才能，就把他的才能发挥到极处。那就得造势，顺着受教育者的天资、天赋、能力、爱好、兴趣因势利导，才会有事半功倍之效果，使教与学形成合力和加速度。钱老 1995 年出版了他的名著《工程控制论》，他的导师冯·卡门② 赞扬他说："你现在在学术上已经超过了我。"③ 钱老将他终生研究的领域，随其资顺其势地倾情献给了国家。

挑战醒觉指的是大脑在挑战情况下才能醒觉，就是让学生处在一种非常高兴、非常渴望挑战自我，按耐不住非得去做的状态。用古代的话说，就是老师造势使学生如居烧屋之下，坐漏船之中。就是这个屋失火了，你得赶紧跑；你坐的船漏水了，你得赶紧跑。也就是想着法儿让他动起来，这个动是激动的，是兴奋的，是创造的，是能动的，总而言之，把他的内在积极性给调动起来。

相似观物圆觉教育立足三观：第一是世界观，以清净平等的心态，以物观物，以物观我。通过以物观我，比如观水的柔弱、润物、利万物不争、柔弱胜刚强、水滴石穿；观棉花的洁白、柔暖、纺线织布、人人离不开，它无分别，什么人都得益于它。然后再观我，我与棉相似，温暖别人，没分别没我执，洁白不染，不争不贪，利人利物。这里的以物观我，能形成万物一体，卑以自牧的人格。这是很高尚的世界观，以万物为师。第二是人生观，就是前面提到的成人成己，就是成为国家的有

---

① 《孝经·开宗明义章第一》。

② 冯·卡门（1881—1963），匈牙利犹太人，1936 年入美国籍，是 20 世纪伟大的航天工程学家。

③ 柳刚、张晓祺：《共和国军人钱学森》，《解放军报》2011 年 12 月 11 日。

用人才，利益社会家庭。观物圆觉教育立足国宝、国器、国用，弃绝国妖。第三是价值观，一个"孝亲尊师"就体现了人生上敬下念的道德水准。人生是用来报恩的，孝天孝地孝先祖，尊师尊贤，孝天法祖，这些构成中华文化代代相传的链条，使华夏文化有"后"。

哲学家冯友兰说，顺乎天是一切幸福和善的根源，顺乎人是一切痛苦和恶的根源。天指自然，人指人为。相似观物圆觉教育立足与天地相似，道法自然，优化人性。从某种意义上来说，相似观物圆觉教育还原了孔子的教育，因为是从他编的《系辞上下》提炼而成，是孔子最高理想的教育续篇。这个理想是仁德之道的最高标准，称之为大同。在大同的世界里，天下人不只以自己家人为亲，不只以自己父母儿女为爱；而是相互敬爱，爱天下所有的人，使老有所终、壮有所用。孩子们都能获得温暖与关怀，孤独人与残疾者都有所依靠，男人有各自的事情，女人有满意的归宿。天下没有欺诈，没有盗贼，路不拾遗，夜不闭户，人人讲信修睦，选贤举能。大道之行，天下为公，这就是梦寐以求的大同世界。相似观物圆觉教育所追求的正是孔子梦想大同世界人才培养蓝图，这一教育是古为今用跨时空的传承。相似观物圆觉教育是为社会和谐、地球之善而努力，甘为中华文化的复兴作铺路石。

三、以教育之眼观万物

（一）我现在回去找源头水

人类像一棵大树，不上根上找水去，我们在枝叶上就枯萎了。我们都是大树的根养育的，所以必须回去，与其在水的尽头饮水，不如到源头取活水。"问渠哪得清如许？为有源头活水来"，朱熹的话绝了。我现在回去找源头水，清澈无比，思如泉涌，而且一看，太对了。觉得我们是在枝上叶上下功夫，我们回去吧。说世人都知朝前走，不知后退也向前。这个后退不是往后退走，是你找智慧的源泉。

走进了国学打开了一扇门，所以我现在就是开始走国学的路。我不像专家们讲得很深，之乎者也，确实很厉害。我是拿来就用，用了就成。以教育之眼观万物，一切都是教育。邵雍① 说，以天眼天耳天脑，看你往哪儿着眼。我这人太善于向别人学习了，别人的东西都纳入我的系统，然后我提出自己的观念。把他们的优秀变成了我的观念，我追求的对象。我把他们用相似进行整合，入百家成一家，全都是通的。而且一通这个道理的时候，你全明白了。

国学大师季羡林先生说，中国文化要从宗教来讲，就是儒释道。这三个思想体系加起来，就是中国文化。教育是中国文化的一部分，当然离不开上面三个思想体系，我们把它叫作教育之儒，教育之道，教育之禅。

教育之儒的思想有孝悌忠信礼义廉耻，这是孝德之本，教之所由生；有诚意、正心、修身、齐家、治国、平天下，还有"致中和，天地位焉，万物育焉"② 这些思想。

教育之道里面，"人法地，地法天，天法道，道法自然"。③ "上善若水。水善利万物，而不争。处众人之所恶，故几于道。"④ 这些话是我教育的座右铭。我讲课基本是讲十来分钟就坐到后面去了，然后学生们再来对话，再来互问。我从来不在上面喋喋不休，讲个没完没了。我提出一个口号：以愚育智。因为我愚蠢所以你聪明，因为我笨所以你灵。我是装的，我必须这样装。大糊涂大智慧，小糊涂小智慧，不糊涂没智慧，我提出"教育糊涂学"。想诱导学生，你不能在上面，你得下来。

---

① 邵雍（1011—1077），北宋哲学家，创"先天学"，对易学进行了创新。

② 《中庸》。

③ 《道德经·第二十五章》。

④ 《道德经·第八章》。

所以说水善利万物，而不争。处众人之所恶，故几于道。几是相似、相近，这样做才接近了道。

老子的理论是由天相似类推己及人，孔子是由人推至天道，他们说的都是与天地相似就不违背宇宙大道。

（二）以教育之眼读《坛经》

教育之禅方面，我仔细读了李泽厚《漫述庄禅》这篇文章后，很受启发，可还是不能和教育教学融洽。我就开始读《坛经》原文，也不知道读了几年，经常翻阅，随处都带着，就读原文。我就是下定决心，向六祖慧能讨教悟的智慧，悟的感受，悟的过程，悟的不言，悟的心通，悟的不可说。伟人毛泽东称赞六祖慧能是禅宗真正的创始人，中国佛教真正的始祖。诗人王维为他写碑铭，称他为"世之至人"；柳宗元写第二碑铭，"天下凡言禅皆本曹溪"；刘禹锡写第三碑铭说：慧能禅宗是立"无修而修，无得而得"。这些作家对中国的文学艺术、诗书画确立了高妙的"禅"的标准。实际上，慧能的思想更是超越了宗教局限，就像一股清新的活水，从岭南曹溪流向了中华文化的深层，为中国社会生活的方方面面带来了深远的影响。

《六祖坛经》里的"决疑品"一点儿宗教情怀都没有，你看，"心平何劳持戒，行直何用修禅"。讲的是心平，行直就是禅。"恩则孝养父母，义则上下相怜。"这是孝悌，关系到人的上下左右。"让则尊卑和睦，忍则众恶无喧。"这是人间和谐的法则。"若能钻木出火，淤泥定生红莲。"讲的是做事持之以恒，也就是《周易》里说的："持恒是谓至德。""良药苦口利于病，忠言逆耳利于行。"这就是中国老百姓的至理名言。"改过必生智慧，护短心内非贤。"这是对智慧与贤人的评价标准。"日用常行饶益，成道非由施钱。"这句是说做有意义的、利益众生的事，而不是施舍多少钱。"菩提只向心觅，何劳向外求玄。"菩提即智慧，向内求，不向外觅，所以是内明学。"听说依此修行，天堂只在眼前。"人人都如此去修，人间就是天堂。

这首禅偈共 108 个字，它把儒家文化融进了禅，富有中国儒道人文色彩，又特别的简洁易懂，这是中华民族流传几千年的名言，特别有哲理的名言，教育怎样培养人有圆满的觉悟。这 108 个字使人由生物意义走向哲学意义，使人道德觉悟圆满，从这里衍生出一个词："圆觉"教育。

我曾经讲一堂高中课，就是讲世界地图。我画了地图，各个洲写完之后，我背了好几天，谁挨着谁，我真背下来了。我上台就说这个世界地图，我刚把这个图，哪个洲挨哪个，名字讲了一遍，铃儿响了，同学齐声说咋这么快。那堂课上得太精彩了，学生已经没有自己，而是跟着我游览世界了。那节课终生难忘，那个时间叫作"零度时空"。我从禅宗里借来这个，就是这个时间如果常常出在"零度时空"，这个时候不见了我，因为时空凝固了。如果你在课堂教学当中经常让学生处于"零度时空"，那种教学效果实在太好了。孩子的成长是非常明显的。那叫"教学禅"。有人问爱因斯坦："你怎么解释你的相对论呢？"他说："你出差乘火车，坐在一个美女旁边，她擦着香水儿，戴着金耳环，香气迷人，长得那么超越一般的美丽。这一路两三个小时，怎么这么快。要是坐在一个不讲卫生的人旁边，臭气熏天的，这两小时怎么过得这么慢。"这就是相对论，这时间长短是你感受来的。

（三）以教育之眼读《周易》

我是教外语的，成天教外国教学法教烦了，我就开始琢磨。后来胡春洞[①] 来我们学校了，他就给我一句话，你读《周易》，《周易》那里有很多教学方法。然后我可听话了，就开始读，不知道读了多少遍，划了多少杠，抄了多少遍。我的特点就是六个字：老实、听话、真干。

---

① 胡春洞，北京师范大学教授，致力于外语教学研究。代表作有《中学英语教学法漫谈》（河北人民出版社 1982 年版）、《英语教学法》（高等教育出版社 1990 年版）等。

1998 年 1 月，杨淑芝（左）与胡春洞（右）探讨问题（杨淑芝供图）

　　"易则易知，简则易从；易知则有亲，易从则有功；有亲则可久，有功则可大；可久则贤人之德，可大则贤人之业。易简，而天下之理得矣；天下之理得，而成位乎其中矣。"这段我的学生都会背。教学、教育要达到至易至简就接近了"道"。爱因斯坦说，只有天才才会得到一个简单的发现；爱默生说，谁能使事变得容易，谁就可以为师。你把课讲得如此简单，学生都高兴；讲得那么复杂，谁也不想学。所以我将什么东西都讲得如此简单，好似一加一等于二。什么叫语言学？就是有限的元素，无限的组合。我举个例子吧，《实用相似语言学——英语教学捷径》第 261 页[①]：立象与境意，倒数第二行：下面展示简笔画部分，有限的线条与无限组合的奥秘。给你条件，一个三角形、一个圆、四条线，请组合图像。你能组合出多少种图像呢？看看第 261 页，这些就是

---

① 　杨淑芝等：《实用相似语言学——英语教学捷径》，陕西科学技术出版社 2002 年版。

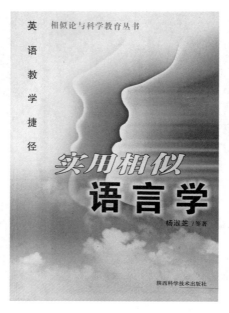

《实用相似语言学——英语教学捷径》一书（马敏供图）

我的组合。我们都会三千汉字，关键看组合，谁的组合好谁就美。这就是语言学。简单了吧？然后我就给同学一个句子，比如说，种花要懂百花意，育人要知百人心。我把这句砸碎了写在黑板上，人呐、心呐……让学生去组合。然后同学组合，哎呀，二三十个句子。但最好的结合就是这个：种花要懂百花意，育人要知百人心。知和懂么，有人说懂心知心，就这一点你都没有立上，你不算语言学家，不算诗人。这个要做半小时，你看可简单了，可学生从中悟出了：啊，语言是这么组合的，文字是这么组合的，这么搭配的。含义就是这么深刻的。就这一件小事，做了半小时，谁组合得好，画出来。那些组合得好的同学将来会很厉害，他也在这里得到了自尊。没有做好的同学，自己有创造，还明白了一个道理。我就这样讲。然后开始英语句子，英语的来了，汉语的来了，组去吧。谁语文功底好，谁英语功底好，你们自己组，我不管。我教学生就这么教。哪在教学，根本没在教学，就领着孩子玩脑筋游戏。

（四）以教育之眼读《孙子兵法》

以教育之眼观万物，则无物不在诉说着什么是教育；以教育之眼读书，则无书不是教育学。一部《孙子兵法》六千余字，字字千钧，掷地有声。孙子用来讲作战，我用来教学。我讲课基本用奇，不用正。什么叫奇，就是出其不意。我讲课的时候，学生从来不知道我怎么讲。我天天就像孙悟空七十二变，学生摸不着我的手腕，对我的课着迷。如果天天 Lesson 1、Lesson 2、Lesson 3，完了，失败了，学生会觉得一点儿意思也没有。今天我没有好好备课，或者我的课没备熟，我才用正。"兵无常势，水无常形。"① 教学本身充满了谋略，教师要有这样的攻其不备、出其不意的新奇，课堂才有活力、魅力、吸引力。

怎样才能不疾而速，不行而至？《孙子兵法》给出了答案：如转圆石于千仞之山。只有圆的东西转得最快，因为顺势加速度，这就引出了"势学"。老师上课是借势、造势、凭势、孕势、导势、顺势、因势、看势、听势、玩势等等，当学生大脑被逼迫时智慧才会觉醒，一个觉醒接二连三形成连锁反应，导致集体智慧的唤醒、迸发，营造欣欣向荣之行，氤氲欲罢不能之势。"兵者，诡道也。故能而示之不能，用而示之不用，近而示之远，远而示之近。"② 这就是课堂教学的"造势"。

那么，教一会一是愚师，教一会三是常师，闻一知十是好师，一通百通是上师，无师自通是上上师。所以孙子说："善用兵者，屈人之兵而非战也，拔人之城而非攻也，毁人之国而非久也。"③

（五）中国人从古到今用了相似性

中国人从古到今用了相似性，但没有提出来，都暗示着。只有张光

---

① 《孙子兵法·虚实篇第六》。

② 《孙子兵法·计篇第一》。

③ 《孙子兵法·谋攻篇第三》。

鉴把它明确了，推广出来了，而且写出论文了，在历史上应该重重的为张老师写下一笔。他给中国人提出这种思维，我们用了，并且都会用。原来是无意识的，现在是有意识地去做。

什么是相似集中？操千曲而后晓声，观千剑而后识器，这就是相似集中。你看一千支箭一定知道哪个箭是好箭，你唱一千首曲子你一定会唱歌了。你没有这样的积累，激不活，这就是相似性。胡春洞给我一句话，我记住了："例不十，法不立。"①英语一个语法没有十个例句巩固，这语法立不住。必须有大量的积累才能激活，相似集中，相似建构，相似匹配，相似激活，相似创造。激不活是因为量不够，大量积累，不断输入输入输入，量到一定程度才直接升华。我这本书②就是仓库，为了英语老师我写了一本仓库，这儿有歌曲、有故事、有短句、有简笔画、

1997 年 9 月，杨淑芝（右）与张光鉴（左）在洛阳师范学院图书馆前（杨淑芝供图）

---

① 出自黎锦熙"例不十，不立法"，后王力变更为"例不十，法不立"。参见唐钰明：《"例不十，法不立"的来历及意义》，《语文建设》1995 年第 10 期。
② 指《实用相似语言学——英语教学捷径》一书。

有绕口令……什么都有。英语老师拿着我这本书教学一点儿都不愁，要是全国每个英语老师有这本书，一册在手，教学不愁，我的老师叫它"英语教学大全"。

（六）教师是学生幸福的设计师

我的学生实习回来对老师的评价："真正踏上讲台，才切实体会好的教学思想、教学方法对教学深远的指导作用。"我听了就高兴，高兴就推动我。我推他们，他们推我，我们已经产生了良性互动。我和学生全是良性互动，他爱我，我爱他，我爱他，他爱我，越爱越高兴，生产幸福。"教师是学生幸福的设计师"，这是我的口号。你幸福也要让他幸福，你快乐也要让他快乐，你会也要让他也会，你必须让他跟你一样。

21世纪首次教学研讨会，是我和张光鉴老师组织起来的，与《中国教育报》合作，在山东武城召开。孙维刚① 发言，他的口号是"为国家炼一吨好钢"，他一辈子太了不起了。无论期末、高考，学生九点钟准时睡觉养大脑，没有一个熬夜的。他突破整个教育的理念，不布置作业，然后让学生打球、比赛、跳高、唱歌、举行Party，班级活动周周花样翻新。一辈子有这么个老师带，太幸福了。所以我就提出"教师是学生幸福的设计师"。

我培养出的学生就是口语好、技能多、爱学生、献身于事业。人总得有一种精神，人总要为自己的祖国做点事情。杨绛回忆钱锺书这么说，钱锺书一生的志愿，没有什么大志愿，就是做点学问，把自己奉献出去。说的如此简单，钱锺书成了一个大家。季羡林就特别讲过，人生的真正价值就是把前辈的接过来，我再往下传，不要在我这一代断代，

---

① 孙维刚，山东海阳人，自1962年起在北京市第二十二中学任数学教师兼班主任，全国数学特级教师，有"中国数学教育之父"之称。

否则我就成了千古罪人了，对不起老祖宗。我就想起艾青的话，我每本书几乎都有这句话：为什么我的眼里常含泪水？因为我对这土地爱得深沉。每本书里头都有这个情怀，而且每本书里我都有写这一句话，成了我教学的一种特点。真的是心里充满了无限的爱。所以培养学生这种爱和回报祖国的感恩的心理。所以《了凡四训》说，利人者公，公则为真；利己者私，私则为假。我不是一个全能的人，但是我能力所能及，以微薄之力能做点事。

季羡林有句话是培养我自尊和自强的力量，就是：中国学术的发展，必须能直接与西方一流学者抗衡。这句话让我记着，我必须这样做，我跟西方抗衡，要不我就输了。这句话对我有太大的激励，都不是一般的激励。我要代表中国，这就是自信么，这种自信就让我穷追不舍。至于我有没有机遇，我都这么走；只要我活着，我就这么走。

李保均访谈

[题　记]

　　钱学森曾经建议，大学教师要"写一本文艺创作思维过程或思维范例的书"。我是搞文学创作的，难免会经历创作的"思维黑箱"。而张光鉴的相似性思维，使我从过去教科书式惯有的思维理论中解脱出来，看到了研究的新天地。

[访谈信息]

　　访谈者：刘碧田、常瑞

　　受访者：李保均

　　访谈时间：2017 年 5 月 11 日

　　访谈地点：成都市武侯区四川大学校内

　　录音整理及文稿编写：刘碧田

[李保均简介]

　　李保均，1936 年生，天津市人，四川大学文学与新闻学院教授，中国写作学会副会长，四川省写作学会名誉会长。代表作品有专著《小说写作研究》《郭沫若青年时代评传》《写作艺术论》《相似论的文学实证及研究》等，中篇小说《魔窟里的战斗》，短篇小说《花工》《方言学的罪孽》《小画家》《童言无忌》《一个女大学生的自白》《菊花》等。另外还在《文学评论》《文艺报》《四川大学学报》《当代文坛》《社会科学研究》《社会科学战线》《郭沫若研究专刊》等刊物发表论文百余篇。

李保均（李保均供图）

一、相似论引起我极大的兴趣

我最早接触张光鉴的相似论是源于《光明日报》的一篇文章，当时我看了之后觉得相似论的研究视角、研究内容和研究方法都十分精到独特。他认为，在客观事物发展过程中，都存在着同和变异，相似就是同和变异矛盾的统一，其中变异是相似思维中最活跃的因素。因为我是搞文学创作的，难免会经历创作的"思维黑箱"这一问题。而张光鉴的相似性思维，使我从过去教科书式惯有的思维理论中解脱出来，看到了研究的新天地。于是我专门做了摘录，并在其引导下又认真读了一些关于思维科学的论著，包括钱学森对相似思维的论述。我发现，相似性思维与文艺创作之间亦存在着密切的关系，它可以说明文学史的发生、发展历程，也可以说明文艺学、比较文学及文艺创作中许多难解的命题。

具体来说，在文学创新中，无论是文学史的纵向比较还是同时代作家的横向对比，其中心内容不外乎研究其相近、相异和变异。这就不可避免地遇到相似性思维的理论判断，即相似论的基本理念："相似导致变异"。事实是，在相似性思维中，似和不似是辩证存在的一组矛盾，它们的碰撞、对立、比较和差异，使事物发生变异，产生全新的思维成果，即独特与创新。在中国古典文论中，特别在画论和诗论中，关于创新出于"似与不似"有充分的论述。比如为什么有的小说作家能够产生奇特的情节构思，而别人却产生不出来？这个所谓的思维"黑洞"，现在看来是相似性在起作用。有这样一个故事情节：一个看起来很可怜的小孩在乞讨，一个大少爷过来掏出100块钱，"啪"摔在地上走了。然后又过来一个很穷的老太太，拿出2毛钱很正式地放到孩子的面前。这说的是一个教养问题，这个情节是怎么想出来的呢？它肯定来自于某种相似，因为社会上很多人有钱却不懂得尊重别人，作者正是基于这种相似点才虚构出这种情节。

我撰写的《写作艺术论》这本书，其中有一节就叫"相似思维"。

《写作艺术论》一书（李保均供图）

我们过去只讲"求异思维""发散思维""灵感思维",很忌讳讲"相似思维"。用相似性观点来主张文学创作,会不会导致雷同?会不会扼杀创作?会不会抵消创新?这引起了我的思考。在搞清了相似性的概念后,我在著作中对张光鉴发表于《思维科学》1985年第1期《相似论》中的一段话加以引用,这也是他的相似论第一次被引用到文学创作的论著中。我在书中是这样写的:"张光鉴在谈到相似论的社会性实验时说:人类社会发展史和科学发展史都如同史学家惊叹的那样,'呈现着惊人的相似',大多数的民族都不约而同地经过了石器时代、陶器时代、青铜时代、铁器时代。社会都经过了原始部落社会、奴隶社会、封建社会、资本主义社会。不但宏观的过程和结构是这样的相似,就连很多伟大的发现创造过程也是那样惊人的相似……这些都可以归之于人们利用相似原理进行思维的结果。"① 在这段引证之前,我论证了相似思维对文学研究和创作的意义,指出"相似思维是激发创作活力,产生独创性思维的有力方法。相似并不是求同,作为一种科学的思维方法,它的预后效果是产生相异,从而导致创作、发现和发明。科学史、文学史上的无数事实可以说明这一点"②。我还在书中指出:"在文学创作上,这一点也毫无二致。而且相似性的运用更甚于科学。因为在文学创作中传统的文化影响,潜移默化作用于作者,甚至使他自己并不了然自己在做相似运动。"③

二、《相似论的文学实证及研究》写作始末

1986年,我到烟台参加一个学术会议,凑巧的是我竟然在这里和

---

① 李保均:《写作艺术论》,四川大学出版社1989年版,第174页。
② 李保均:《写作艺术论》,四川大学出版社1989年版,第173—174页。
③ 李保均:《写作艺术论》,四川大学出版社1989年版,第175页。

张光鉴先生不期而遇，而且同住一室，这不得不说是一种缘分。此前我们从未谋面，也从未通信。当时我问他："您贵姓啊？"他说："我姓张，叫张光鉴。"我说："什么？张光鉴？"我赶紧把我的底稿拿给他看，"这个是不是你写的啊？"他说："哎呀，你老兄引用了我的文章！"我们就这样聊了起来。当时，他看了我的书后非常高兴，说："我们大家都是同类，对相似性有共同的感觉。"

此后几十年，我们一直保持着良好的沟通和交流。有时候煲电话粥，有时候就约在成都见个面，谈论的话题始终是相似论。近几年，他更是鼓励我："你一定要写一本专门研究相似性思维与文学关系的专著。"我说："好，我也正有此意，那我就写一本《相似论的文学实证》吧，我打算用文学的理论和例证来论证相似性。"大家都知道，数学有一个"公理"的概念，它套在什么地方都适用，都不会有例外。同样，

2016 年，张光鉴（左）与李保均（右）在成都工业学院"相似论学术研讨会"合影（李保均供图）

我觉得相似论作为一个最大的公约数，它应该也是不能推翻的。比如文艺创作讲究创新性，但相似性强调相似，如果我举个例子就能把相似论推翻，那相似论就不叫相似论，这个相似论就是有缺陷的。所以我打算运用自己对相似论的研究心得，以相似论的观点和方法进行文学理论和作家作品研究，用文论、作品和创作实践证明相似性思维对于文学创作的作用和意义。或者换个说法，即从理论和作品两个方面论证相似论，并通过各个层面、各种角度阐述相似性在文学创作中的特点和规律。

我原来拟定的书名叫《相似论的文学实证》，但现在的定稿却叫《相似论的文学实证及研究》。为什么呢？这也是张光鉴先生的意见。他说："你这本书主要是理论，是用文学道理来验证相似论，你应该加上'研究'二字。"这就是《相似论的文学实证及研究》这一书名的由来。

需要特别强调的是，张光鉴先生给我的这本书作了序言，在最后一部分谈到了《相似论》的书名是怎样从"论相似"变为"相似论"的。他在"序言"中写道："另外对我的拙作江苏省科学技术出版社 1992 年出版的《相似论》要做一说明。在 80 年代初，我写作题目不叫《相似论》，原来的题目是《探讨相似性在科学、技术、思维发展中的重要作用》，后来这篇文章经国防科委送钱老审阅后，钱老专门约我到他的办公室，用了半天时间对我这篇论文的观点和论述进行了悉心、全面的指导，提出了很多重要修改意见，并提议要我把题目从'论相似'变为'相似论'。当时我感到完全不能担当如此重要任务，但在钱老多次亲自指导和修改下，在十年之后，即 1992 年在江苏省科学技术出版社领导与编辑大力支持下出版了拙作《相似论》一书，又在 1993 年在中国图书评论学会的评审会上评为'第七届中国图书奖'。"[①] 这是张光鉴第一次用文字形

---

① 张光鉴：《序言：相似性思维与文学研究》，载李保均：《相似论的文学实证及研究》，四川大学出版社 2016 年版，第 6—7 页。

《相似论的文学实证及研究》一书（李保均供图）

式对《相似论》的定名作出明确说明，其他的都是口述，是不甚准确的。为什么他要专门说明这个事情呢？就是因为太乱了。张光鉴作为相似论研究的首席科学家，他的相似论究竟怎么来的呢？不能东一榔头西一棒子，东说一句西说一句，这个说法一定要以他自己说的为准。

三、思维科学的建立

钱学森的思维科学是钱学森全部科学研究成果的一个重要组成部分。他在多部著作中阐述了对思维科学的研究，毫无疑问，这些阐述有着重要的学术价值、科学价值和社会实践价值。

钱学森认为，思维科学是促进科学发展的重要路径，因此他及时提出了建立思维科学的主张。他指出："思维科学的任务非常光荣，是一件大事情。从前人类发展还没有到达这个阶段，好像不大认识这个问题。现在说'信息社会'知识是生产力，那就非常重要了。我们要从迎接新技术革命，或者迎接人类社会的第五次产业革命的角度来认识这个问题。所以，我觉得研究思维科学确实是当务之急。"①

钱学森的思维科学理论是一门科学，是一个系统。他认为"老三论"和"新三论"，"其实就是一论即系统论"。事实上，他关于思维科学的重要理论支点就是系统论。1979 年 11 月，他在《光明日报》上发表了《大力发展系统工程尽早建立系统科学的体系》一文，主张在中国尽早建立系统科学体系。此后，他又在许多著作和论文中对系统论的基本概念、基础理论和研究方法，作了全面和深刻的阐述。

运用系统论的观点，钱学森科学地、系统地、创造性地设计了现代思维科学体系，将人工智能、认识科学、神经生理学、心理学、语言学、文字学、科学方法论、形式逻辑、辩证逻辑、数理逻辑和算法论等，以及与思维科学有密切关系的数学、控制论和信息论等都囊括其中。20 世纪 80 年代初，他进而提出创建思维科学技术部门，将思维科学列为现代科学技术的一个大部门的设想。2012 年，作为"十二五"国家重点图书出版规划的精品项目——"钱学森系列著作"② 由国防工业出版社正式出版。这一系列图书，涉及钱学森归纳总结的现代科学技术体系的 11 大部门，涵盖了自然科学、社会科学以及实践经验、工程技术、技术科学、基础科学、文艺学、思维科学及马克思主义哲学等等，对他的思想和观点做了一个相对完整的整理记录。

钱学森还特别关注思维科学与文学艺术的关系。他在《美学、文艺学和文化建设》中说：美学、文艺理论、文艺学和文化建设，这四者，

---

① 钱学森：《构筑一座宏伟的思维科学大厦》，载《钱学森讲谈录：哲学、科学、艺术》（增订本），九州出版社 2013 年版，第 146 页。

② 钱学森系列著作，具体包括《钱学森文集》（1—6 卷）、《钱学森书信》（1—10 卷）、《钱学森书信补编》（1—5 卷）、《钱学森读报批注》、《嘉言懿行钱学森言论选编》等。

再加上人类知识最高概括的马克思主义哲学，从建设社会主义精神文明的意义上说，可以构成系统，它们或属于抽象领域，或属于具体领域，或理论性强，或更接近实践，或范围宽些，或范围窄些。从科学体系的层次来看，美学属哲学层次，文艺理论、文艺学属基础科学或应用科学层次，而文化建设属直接改造客观世界的技术层次。①

总而言之，钱学森的思维科学理论将长期分散的无序学科按现代科学发展的要求，组成了一个有机的思维科学体系，设计和构思了一系列新学科和边缘学科，为研究现代思维科学奠定了基础。在钱学森的思维科学的指导下，我国学者在相似论、思维科学体系、智力工程、逻辑思维与形象思维、灵感思维、人机关系等方面的研究都取得了重要成就。相似论不仅是钱学森思维科学这一巨系统的有机组成部分，同时反过来，又是这一思维科学的理论物证，是它的理论活体，是它的强有力的推动力。正如张光鉴在《相似论》里提到的：相似论的研究或可为上述的统一观，提供一些重要根据。

四、思维科学的核心是创新

钱学森认为思维科学的核心内容是研究和创新。钱永刚回忆说："父亲认为，一个有科技创新能力的人，要具备两个能力：一是逻辑思维的能力，一是形象思维的能力。"② 思维产生于社会实践，是人类在生产活动和社会生活实践中活跃着的一种特有的主观世界对客观世界的认知能力，是人的显意识和潜意识认知外在客观事物的高级形式，其最终

---

① 钱学森：《钱学森讲谈录：哲学、科学、艺术》（增订版），九州出版社2013年版，第72页。
② 赵永新：《儿子眼中的钱学森：年轻时工作忙没顾上我》，《人民日报》2009年12月10日。

效果是反映和把握客观事物的本质属性和运动规律。思维活动的特点是从感性到理性、从个别到一般、从个性到共性、从特殊性到典型性，是一个对客观事物过滤和提炼的过程。

钱学森明确地把科学的思维能力与科学创新、形象思维结合起来，这一点对科学研究及我们进行文艺学研究皆有重要的指导意义。钱学森认为，人的智慧分两大部分："量智"和"性智"。"量智"主要是指科学技术知识、理性思维和逻辑思维；"性智"主要是指文艺学理论知识、艺术修养和形象思维。他认为，现代科学技术体系中的数学科学、自然科学、系统科学、军事科学、社会科学、思维科学、地理科学、建筑科学等科学技术部门的知识是"性智"与"量智"的结合，主要表现为"量智"；而文艺创作、文艺理论、美学以及各种文艺实践活动，也是"性智"与"量智"的结合，但主要表现为"性智"。前者为逻辑思维，后者为形象思维，二者是相通又交叉、相辅而相成、反复又变化、辩证而统一、相似又变异的。"量性双智"才是创新性思维产生的思维基础，也是思维科学观的主要内涵。

钱学森关于思维科学的理论体现了物质世界和人类社会的微观与宏观的变化和整体性联系，体现了科学研究开放性的、非线性的差别性思维，也体现了科学技术、文艺创作的"量智"与"性智"的相异、相通和融合，具有明确的超前性和预期意识，我们可以把它的总体特点概括为"协同学"，其最终目的是通过系统关系，为科学技术发展提供实现突破和创新的思路，为行政管理提供实现目标最优化的方法，为文学艺术创作提供艺术创新的途径，为社会生活提供人际关系的和谐相处的图式。因此，钱学森的以系统论为轴心的思维科学与科学领域的科学学有关，与马克思主义哲学有关，与国家的科学管理有关，与科学技术的研究和发明有关，与一般行政管理和企业管理优化有关，与改革开放的各种科学实践有关，与艺术创新发展有关，总之，它是一种互为"沉浸"的"缺一不成智慧"的大成智慧学，一种思维优化运行的运筹学，具有重要的现实意义。可以认为，钱学森关于思维科学的系统理论，融合着马克思主义哲学的辩证唯物主义及当代高度发展的科学技术实践，是现代物质文明和科学精神的体现。

五、辩证唯物主义是思维科学理论的哲学基础

研究思维学的途径应从哲学的成果中去寻找，思维学实际上是从哲学中演化出来的。钱学森认为，世界上的一切理论，都是一层一层地概括的，到了最高层次就是哲学，就是人认识客观世界、改造客观世界总结出来的最高的原理、最有普遍性的原理。这种最有普遍性的原理就是马克思列宁主义哲学的核心，就是辩证唯物主义。他主张在马克思主义哲学基本原理的基础上，总结和概括自然科学和社会科学的新成果，并把它作为建立思维科学和现代科学技术体系的哲学基础。这个体系，包括一个马克思主义哲学、九大部门、九架桥梁。①

钱学森从思维学的角度分析了人的生理、意识与存在的关系，阐述了他的辩证唯物观。钱学森认为，思维与人的大脑结构及其后天经验有关，"我们可以先从思维是人的中枢神经系统，特别是大脑受外界各种刺激而引起的这一点看。外界各种刺激又是客观世界变化和运动的产物，这些变化和运动是遵循客观世界规律的，即自然界的和社会的规律，所以外界各种刺激也是有它们自己的规律，而不是无缘无故，无章

---

① 钱学森认为："这个现代科学技术体系的结构是：在最高概括的马克思主义哲学下，分若干个大的科学部门，暂时有九个大部门；每个部门又有三个层次，一个基础理论学科层次，一个应用理论学科层次，和一个应用业务性或工程技术层次。每一个大部门也有它自己的哲学概括，可以说成是这一部门过渡到马克思主义哲学这个殿堂的桥梁；这些部门的概括也可以认为是马克思主义的基石。"载钱学森：《论人体科学与现代科技》，上海交通大学出版社 1998 年版，第 465 页。

可循的。这样，人的中枢神经系统、大脑的活动也就当然要有规律，人的思维要有规律。也许有人会问：外界各种刺激有规律，就准能说人的思维有规律吗？人脑会不会'别出心裁'？或说因人而异，人与人完全不同？这就是又深入一步到答案的第二个方面了：虽然每一个人的脑子在结构和功能方面不见得一模一样，不然就成了机器人，不是活人、真人了。但是人脑毕竟是亿万年生物进化的结果，遗传是起作用的，从根本上说人脑的结构是完全相同的，人脑受相同的生活经验或相同的社会实践所引起的适应、发展和调整也是相同的，这就从人脑的微观结构方面保证了人的思维的规律性……这实际早就是辩证唯物主义结论之一。研究这部分客观规律的学问，思维科学是可以成立的，不管什么种类的思维都不例外。"① 在这里，钱学森清晰地阐明了大脑的生理特点和物理结构，指出了它对客观世界的变化与运动规律的刺激会产生反应，从而形成它自己的感觉和认识，在多次刺激的作用下，这种感知会形成思维，并产生规律性的认知。

马克思主义认识论的最高价值在于人们不仅能正确认识世界，而且能改造世界，不断推动科学和社会的向前发展。思维科学的最终目的也在于此。钱学森认为，"胡思乱想不是思维学"，"思维科学的基础科学是研究人有意识思维的规律的科学"，"思维学作为思维科学的基础科学，上升到一切人类知识最高科学概括的马克思主义哲学要通过一架桥梁，即认识论"。相似论也是如此。它是认识世界的一种方法论，一种认识论，一种研究客观事物内部规律性、矛盾性与外部条件的复杂性、对应性的理论，它证明人类的一切思维活动是在相似、相同、相异和变异中产生和发展的。

---

① 钱学森：《关于思维科学》，《自然杂志》1983 年第 8 期。

六、相似性思维是思维科学的重要分支

相似性思维是钱学森思维科学系统的一个重要理论支系和理论要素。他认为，把各种复杂事物和各种思维现象联系起来的思维形式就是相似性思维，相似性思维是科学研究的思维纽带。后来，当张光鉴研究员关于相似性思维的论文一出现，钱学森立刻给予大力的肯定和支持。为什么呢？我觉得主要是基于这样几点。

第一点，钱学森对于相似论的认识源于其"巨系统"的思维理论。系统论是这样一种思维模式：研究者必须把研究的对象看作是一个有机的、完整的系统，从而做到有效地处理其整体与部分、部分与部分、系统与环境等的相互联系，以求作出对问题的最佳处理。这一点和文学创作的结构处理十分相似。学界原来习惯于用哲学社会科学的方法来研究思维，而从来不用科学方法去研究思维，钱学森开了用科学方法研究思维的先河。

他首先详述了研究复杂巨系统的方法论，又论述了各分支研究的简单系统、大系统和简单巨系统的处理原则和方法，使系统科学体系立起了一个基本框架。那么，要运用什么思维方式才能把不同类的学科联系起来，实现这个框架结构呢？这就必须归类，就要找到相类属、相近似的相似点，相似的"值"或"阈"，组成一个子系统。子系统之间相联系的相似值又使它们可以组成一个简单系统，然后再建立巨系统。钱学森正是科学地运用这样一种相似性思维，将系统学的内容列出了一个提纲。可以认为，在我国，钱学森是最早把相似性思维置于整个思维科学的系统之中进行阐述的科学家。

所以说，事物之间的关系，似与不似，同与不同，相关和无关，不是静止的，而是动态的、运动的、变化的、发展的。事物的相似性的一个特点，就是相似事物通过变异发生形式上和本质上的变化，从而产生创新。我们常使用的求异思维、发散思维，都是这种相似性思维的反映。

张光鉴对相似论的论述，可以认为是对钱学森思维理论的题解，这正可以说明二者理论的密切关系。如钱学森认为，相似思维是人的大脑进行思维的一个发生过程。基于这一理论，张光鉴对相似性发生的物质性、心理性原理作了说明："思维之所以依照相似性进行活动，其直接的原因在于：人的神经网络中的信息活动，乃是基于以相似性的信息为中介而自我进行的相似激活、相似联系、相似催化、相互调制、相互匹配的原理而工作的。而这些神经网络活动过程本身又有其物理学、化学、生物学中的系统相似性原理为根据。人生活于大自然和社会环境中，客观世界中那些俯拾皆是的相似性运动，必然要反映到我们的大脑中来。"① 这种"物质和物理"的原因是相似性思维产生的"硬件"即物质基础。他这里的阐述，其出发点和归宿都遵循了钱学森思维科学的哲学理念。

第二点，钱学森对相似论的评价和阐述，是从他关于思维科学的基本观念出发的。系统方法应用于思维科学研究，这二者联结的路径，钱学森认为应该是"关系、联系和联想"，即要从距离相对较远的不同的学科和内容中找出相近和相似的联系，从而组成系统。常用的方法就是形象思维的联想。钱学森就此正面论述和评价了相似论，指出了它在思维科学中的重要意义。钱学森说："关于形象思维，文艺理论家谈得很多，也有不少引人入胜的见解。科学技术人员，一般不提什么形象思维或直感思维，只少数有成就的科学家在说到科学方法时讲过这个题目。文艺家和科学家的议论都近乎思辨性质，对我们有启发，但还有待于深化，是张光鉴同志，对形象思维作了些有意义的探索，他归纳了大量的人的创造过程，提出'相似'的观点。当然'相似'和'不相似'是辩

---

① 张光鉴等：《相似论》，江苏科学技术出版社 1992 年版，第 9 页。

证统一的，'相似'中有不相似，'不相似'中又有相似。'相似论'对说明形象思维在科学技术、工程技术中的重要性，很有价值。然而要再进一步深入下去，建立科学的理论，建立形象思维学就困难了，因为这里讲的'相似'不是几何学里的相似，那里的'相似'比较单纯，用数理逻辑就够了，但在这里不然。在这里，形象思维里，要从一大堆不那么准确的材料中提炼出准确的'相似'。"① 这里，钱学森首先强调了相似对说明形象思维在科学技术、工程技术中的重要性和价值，同时也指出了相似性思维的要义是从一大堆不那么准确的材料中提炼出准确的相似是不容易的，是研究相似性思维应该解决和关注的问题。事实上，钱学森重视张光鉴的相似论，其原因也在于他看到了相似论在思维理论和科学实践中的价值和意义。这里，钱学森对相似论的评价和阐述都是从他的关于思维科学的基本观念出发的。

第三点，钱学森对相似论最重要的肯定，是将相似性思维看作形象思维的突破口。长期以来，人们只在文艺学研究方面重视形象思维，而在科学研究方面忽略形象思维，这是不利于科学发展的。他指出："形象思维不但文艺工作者使用，其他人包括自然科学家、工程师也经常使用。所以一定有规律，一定可以建立一门形象思维的科学，叫'形象思维学'。"② 钱学森认为在形象思维的研究中，相似性思维的研究有重要意义。钱学森说："张光鉴同志有个理论，叫相似论。他说是探讨相似在科学技术思维发展过程中的作用和规律。大家可以进一步研究，形象思维中相似是个因素。"③

相似论在建立形象思维过程中是一个至关重要的思维形式。在人对世界认识的历史过程中，占主导地位的思维形式是从事物表象出发而引

---

① 钱学森：《关于思维科学》，《自然杂志》1983 年第 8 期。

② 钱学森等：《论系统工程》，湖南科学技术出版社 1982 年版，第 248 页。

③ 钱学森：《构筑一座宏伟的思维科学大厦》，载《钱学森讲谈录：哲学、科学、艺术》（增订本），九州出版社 2013 年版，第 151 页。

出的形象的思维。它一方面起着直接认知事物的作用，同时，这种认知的不断积累，会产生变异和创造，形成人类初始的认知经验，并在这一过程中，形成演绎推理、逻辑概念和抽象思维。正如哲学家夏甄陶所指出的："没有表象思维阶段相似思维的充分发展，没有史前时期的类际间的类推方法的发展，严格精确的类概念就不可能形成，而基于科学类概念基础上的类内的演绎和归纳逻辑也就不可能形成。究其实质，人类的演绎推理和归纳推理不过是把思维中的相似推理能力进一步规范化罢了。显然，在人类这一重要的认知形式变化史和发展史上，事物的相似性——类别联想、个体联想形成的创造性想象，对进一步产生的概括和推理的抽象思维，起着决定性的作用。"①

瑞典著名心理学家皮亚杰创造性地提出了发生认识论的原理。他主张，儿童从出生到成人的认知发展经历了人人共同的、按顺序相继出现的、有着质的差异的几个阶段，即图式、同化、顺应和平衡。其中，起着核心作用的是图式。张光鉴在《相似论》的"类比推理的认知模型"一章中对此作了分析，他认为"类比推理的多样性和灵活性，这主要体现在相似匹配的概念上"，相似匹配是事物产生创造性和生动性的纽带。可见，这一理论方法及其内核显然与皮亚杰的上述图式理论不谋而合，而且已被哲学界和逻辑学界所认可和沿用。哲学家李景源曾对此作了精到论述。他指出："近年来，认识论研究的深化表现为从客体转向主体，从宏观过程转向微观机制，这在很大程度上得益于认知结构和图式概念的引入。最近，思维科学界又提出了一个相似概念，认为人的已有知识和经验按其意义构成相似模块，认知过程离不开对相似信息的检索，一切识别和推理过程都是以相似性为基础的。很显然，相似信息在认识中起着与认知图式相类似的作用。"② 张光鉴从发生理论角度阐发了钱学森

---

① 夏甄陶主编：《认识发生论》，人民出版社1991年版，第476页。

② 李景源：《李景源自选集》，学习出版社2013年版，第291页。

的认识论及其科学实践的价值和意义，与钱学森的认知理论有着天然的密切联系。

七、相似论研究存在的问题

相似论研究存在的问题，第一个是当前对相似论本身的研究不够，相似论亟待普及。比如相似论在文学创作中的运用是一个创新，但是人们接受它却还需要一个过程。为什么呢？因为现在都是强调"求异思维"，强调差异和不同，人们理所当然地认为搞文学创作当然是要"求异"。举个例子，有一次我在课堂上讲相似论，一个搞现代文学的学生就表达了不同看法，他说："我们搞文学创作的要排斥相似，要讲究独特性，要讲究创新性。"为此，你往往得绕很大一个弯去跟他们讲清楚，"求异思维"就是从相似性思维中产生出来的，归根结底还是一种相似性。所以说，最大的问题在于相似性理论的宣传和普及做得很不够，没有形成理论研究的氛围，人们才会对此产生种种误解。张光鉴先生正在用尽全力来推动这个事情，西华大学的朱晋蜀副校长也算一个。

第二个是队伍建设跟不上。有几个人研究相似论呢？有一些，但是很少。我们说相似论是一种"显学"，是一种"公理"，人们都是在无意识地使用，而不是积极主动地去用。这反倒使得它很少被作为一种理论研究而得到关注。

第三个是钱学森的思维科学研究没有得到很好的发展。钱学森在《关于思维科学》这本书里提出，"我们用十七年的时间或者更长的时间来建立思维科学院"。但这么多年过去了，谁还提思维科学院呢？所以说，对思维科学本身的研究也不够重视。一个国家要实现科学的发达、经济的发达，还是要从思维科学建设入手。钱学森的思维科学是一种大成智慧，是一种系统科学，不仅包括自然科学，也包括文学、社会学、政治学、管理学等。只有把思维科学研究透了，国家才会有更好的发展。但遗憾的是，钱学森逝世以后，思维科学理论研究就停滞不前了。我也借助这本书出版的契机，建议中国科学院成立一个思维科学研究所，专门研究思维科学，这也是钱学森先生的一个遗愿。

相似论相对来说比较深奥。比如世界上没有两片叶子是完全相同的，这片叶子比那片叶子多长了一个黑点，或者多长了一根毛，以后它很可能形成一个新的分支，这就是它的不同之处。文学创作也是这样。比如最早的小说来自于说书，当时叫"说话"不叫"说书"，有人把说书人的说唱本子记录下来就成了"板话"，一种新的文体就诞生了。还有，比如两个歌唱家的嗓子都是低音域，但两者低音的域位不同，那个不同的点就是他们个人的创新之处。求异产生了创新，求异就是在"相似"中找出"不似"来，所以归根到底求异还是从相似中出来的。钱锺书先生说："比喻是文学的根本。"这个说法是极妙的。打个比方，"人在火车里挤得就像罐头里的沙丁鱼一样"，这个比喻的创新点在哪呢？它就是找出了人在火车里和沙丁鱼在罐头里这样一种拥挤状态的相似之处。

八、对年轻人的建议

应该指出，在钱学森、张光鉴及其他学者的共同推动下，相似论正受到越来越多的关注和重视。尤其在理工科方面，研究相似论与机械、相似论与科普、相似论与科学的专著和文章比较多。如周美立[①] 的《相

---

① 周美立，1949年生，安徽庐江人，合肥工业大学教授，纽约科学院院士。主要研究领域为相似性科学、相似系统设计、相似系统工程。

似学》《相似系统论》，李铁才① 的《相似性和相似原理》，鹿守理② 的《相似理论在金属塑性加工中的应用》等。

在文学研究领域，相似论的研究方兴未艾，刚刚起步。有大量的事实说明，许多著名作家都在有意无意地运用相似性思维指导自己的文学创作，这正说明了相似性思维的科学性、规律性和普适性。比如，朱光潜先生说"诗的境界是情景的契合"③。作家莫言在瑞典学院关于诺贝尔文学奖获奖的演讲中自述："一个作家之所以会受到某一位作家的影响，其根本是因为影响者和被影响者灵魂深处的相似之处。正所谓'心有灵犀一点通'。"这直接说明相似性思维对于作家创作的重要作用。曹顺庆④ 的"异同比较法"理论，论证了相似性思维关于"异同"这一基本内涵对于比较文学理论的意义。杨春鼎在《文艺思维学》《形象思维学》等专著中，对思维科学和形象思维的关系作了深入的研究，对钱学森的思维理论从文艺学角度进行了阐发。

相似性还被运用到语文和写作教学之中。相似性思维在写作训练中，对学生写作能力的提高是至关重要的。活跃在中学、大学语文及写作教学第一线的教研工作者已在这方面进行了有效的研究。秦凤珍⑤ 等人所著《相似之维——相似论、语文教学与文艺理论》就是这类研究成果之一。张光鉴还把相似论运用于科学教育，如他主编的《科学教育与相似论》等。

---

① 李铁才，哈尔滨工业大学电气工程系教授，研究方向为电机驱动控制、AI控制理论和方法研究等。
② 鹿守理，1933 年生，山东烟台人，北京科技大学教授。主要研究方向为计算机在塑性加工中的应用等。
③ 朱光潜：《诗论》，生活·读书·新知三联书店 1984 年版，第 74 页。
④ 曹顺庆，1954 年生，贵州贵阳人，四川省社科联副主席，比较文学中国学派的核心人物，代表作有《中西比较诗学》《中外比较文论史》等。
⑤ 秦凤珍，1970 年生，执教于鲁东大学，主要研究方向为语文教育心理学、文艺与传媒。

　　但是，相似论在社会科学方面，尤其在文学、艺术学、美学方面的研究仍然不足，这使我想起早年读过的钱学森先生的一段话，他在1982年3月10日与杨春鼎的通信中建议大学教师要"发挥作用"，"写一本文艺创作思维过程或思维范例的书。收集文艺创作中的抽象思维的例子，形象思维的例子，灵感思维的例子。如能对它们的规律也有论述就更好了"。① 这是世纪老人对所有文艺学学者的谆谆叮嘱。所以，在相似论方面，希望有更多青年学者开展对文艺学与相似论关系方面课题的研究。

2017年5月11日，访谈者与李保均（中）在四川大学门口合影（刘碧田供图）

---

① 《钱学森书信选》编辑组编：《钱学森书信选》（上卷），国防工业出版社2008年版，第32页。

朱晋蜀访谈

[题　记]

　　有没有一种简单而又科学的理论能让青年教师在一个相对短的时间内迅速成长起来呢？创新型人才应该如何培养呢？我想到了相似论。通过提出"相似创造原理""相似引导教学法"，我希望更多的人通过一本书或者一本教材就可以理解"相似创造"的原理，就可以训练自己的创造思维。

[访谈信息]

　　访谈者：刘碧田、常瑞

　　受访者：朱晋蜀

　　访谈时间：2017 年 5 月 11 日

　　访谈地点：西华大学朱晋蜀副校长办公室

　　录音整理及文稿编写：刘碧田

[朱晋蜀简介]

　　朱晋蜀，1957 年生，山西平定人，四川省属高校首批二级教授，教育部全国自考电子电工与信息专委会委员，教育部新建本科院校评估专家。1982 年毕业于成都电讯工程学院，曾任西华大学党委常委、副校长。代表性学术成果有《C 语言程序设计》《数据结构》《计算机英语》等，发表论文 20 余篇。目前研究方向为钱学森倡导的思维科学基础理论——相似论在创造性人才培养方面的应用。

朱晋蜀（朱晋蜀供图）

一、高考改变了我的一生

我的籍贯是山西省平定县，但实际上我属于山西二代，从小是在四川出生长大的。我父亲是南下干部，当时南下干部主要有两批：一批是跟着部队过来的，我父亲就属于这一批；另一批是从山西、山东等老解放区的干部中抽调过来的，其中山东的主要支援川东，山西的主要支援川西。所以四川的山西籍南下干部很多，取名为"晋蜀""晋川""晋蓉""建川"的基本上都是山西籍南下干部的后代，像樊建川[①]也是山西二代。

1975年高中毕业后，我原本准备下乡当知青。结果邓小平同志提出"身边留一个"的政策，我姐姐下乡之后，我作为家里的老幺就留了下来。参加工作以后，工作单位也比较好，是原四机部的一个"三线厂"[②]，在厂里当了2年3个月的工人。1977年，大约国庆后的一个

---

① 樊建川，1957年生，四川省政协常委、建川实业集团董事长、建川博物馆馆长。

② 1964年至1980年间，国家在属于三线地区的13个省和自治区进行了大规模的国防、科技、工业、电力和交通基础设施建设，建起了1100多个大中型工矿企业、科研单位和大专院校，这些企业被称为"三线厂"。

早晨，我从新闻联播中听到了要恢复高考的消息。当时全国还来不及统考，是由各省独立出题，四川省的考试日期定在 12 月份，我复习了一个多月，结果就被成都电讯工程学院①录取了。当年我是我们厂里唯一一个考上大学的，这改变了我的一生。

在成都电讯工程学院，我读的是计算机专业，说起来这也是一个巧遇。我到现在还保存着高中时期所读的《参考消息》中介绍计算机应用的几篇文章，其中一篇设想了用计算机开空调、做饭等未来的场景。当然这些场景今天已经全部实现了，但当时看过以后就觉得计算机好神奇，印象也很深刻。填报志愿的时候，成都电讯工程学院校名旁边标了个五角星，注明是国防院校，可能因为保密的原因，它的专业没有对外公布，没想到最后我就被录取到了计算机专业。

1982 年大学毕业后，我被分配到了成都无线电机械学校②工作，这是辛亥革命后四川省建立的第一所工科院校。由于种种原因，它后来的发展机遇一直不太好，直到 2012 年我任校长期间才升为本科，走过了从成都无线电机械学校—成都电子机械高等专科学校—成都工业学院这样一个过程。陈毅元帅和张光鉴老师都是这个学校的杰出校友，我和张老师也是因为这层关系认识的。

二、与相似论的缘分

1983 年，成都无线电机械学校 70 周年校庆的时候，邀请了一些知名校友回来。当时我是计算机系的一名普通教师，我到现在都清楚记得张光鉴老师给我们作的报告。他在报告里讲了这样一个故事：他所在的山西

---

① 现电子科技大学。
② 现成都工业学院。

新华化工厂有一个项目要搞计算机控制，所以他被派去上海计算机厂接机器。当时计算机可以说是非常稀有的，一台 DJS130[①] 要 150 万元，仅有部分小规模集成电路，大部分是分立元件，存储器介质是磁芯，电阻、电容的寿命都比较短。按平均无故障时间的标准计算，现在一台机器运转几万个小时都没问题，但那会儿平均无故障时间达到 70 个小时就很厉害了。当时他去接机器的时候，订购的那台计算机最后联调时出毛病了，导致这台计算机不能按时交货，上海计算机厂的工程师花了很长时间都没能解决这个故障。张老师就在一旁说："让我来试一下！"结果他上去就把问题解决了。哇，听了这个故事，在场的所有听众包括我都很吃惊！现在回想起来，我觉得他当时就是基于相似性的思维去跨界解决这个问题的。

2003 年，学校 90 周年校庆的时候，我已经就任校长，张光鉴老师再次受邀回校作报告。这次他作了关于"相似论"的讲座，并送给我一

2009 年 11 月 3 日，朱晋蜀（中）与张光鉴（右）在成都电子机械高等专科学校计算机系"相似学习方法"座谈会上合影（朱晋蜀供图）

---

① 我国自行研制的第一个系列化的计算机种。

本亲笔签名的书。当时我的感觉是，相似论虽然是一个很好的理论，但由于我没有基础，也没有深入研究，所以对于它建立在什么基础之上、怎么运用的都不太清楚，也无法和张老师形成互动。

2005 年，我考上北师大的博士，2008 年准备开题报告的时候，我思来想去决定把相似论作为我的研究方向。为什么呢？因为我是搞教育的，我身边遇到太多这样的情况：有的老师上学时是高材生，但当自己成为一名教师后，却很难把课上得生动，上得让学生喜欢听。刚开始以为是学生"笨"，后来才发觉是自己的教学方法有问题。那么，有没有一种简单而又科学的理论能让青年教师在一个相对短的时间内迅速成长起来呢？我想到了相似论。从那时起，我认真读了张老师的《相似论》，并看了很多与之相关的文章。

三、一些有趣的事情

在这个过程中，还有很多有趣的事情，让我对相似论的兴趣更加浓厚。

山东高密有一个老师叫毛维杰[1]，中师[2] 毕业之后在家乡当了20多年的乡村教师。他这个人爱观察，也爱思考，在长期的教学中他发现了一个问题：他在学校的时候学了那么多教育理论，但在实际运用中却从来没想过要用什么理论去教他的学生。于是他就有意识地去观察上课好的、学生喜欢的老师怎么讲课，结果发现，他们都是基于一种"相似借鉴"的方式，即用学生先掌握的东西去解释新的知识，这样的上课方式

---

[1]　毛维杰，莫言文学馆馆长、莫言研究会秘书长。

[2]　中师，中等师范学校的简称。20 世纪 80 年代初，由于全国各地需要大量的师资充实中小学校，国家决定从初中毕业生中招生直接进入中等师范学校就读，3—4 年学制，毕业后分配到中小学任教，这些人被称为中师生。

学生比较喜欢听。可以说，当时他已经产生了关于"相似教学"的原始萌芽。那个年代，人主要是靠报纸获取信息的，有一天他看到《光明日报》有篇豆腐块文章，正好介绍张光鉴的相似论①。他觉得十分惊奇，"哎呀，原来这个已经有理论了"。于是，他辗转联系到张老师，两个人见面后相谈甚欢。

毛维杰后来当上了他们乡村中学的校长，他进而提出要把学校建成"相似中学"。他本来是学汉语言文学的，但他却想到要把相似性延伸到学校管理中，思考怎样把学校基于相似性的环境去布置，怎样让学生基于相似性的场景去学习，这些设想都是非常好的。而且，他这个人还很有远见。因为跟莫言是同乡，很早以前他就跟莫言讲，"你的小说手稿、照片等要收集起来，我来做这个事"。因为他觉得，莫言的经历与世界上获得诺贝尔文学奖的作家很相似，都是出生在偏僻的地方，后来又到了繁华的地方，这种反差极大的生活状态让他们在作品中不断反思社会和人性。为此，他专门开了两间教室做莫言资料室，并将其作为"相似教学"的平台。后来张老师去过那里两次，甚至到了南京以后还和南京教科所的人提到：有人在利用相似论进行实践，并且提出了"相似中学"的概念。非常遗憾的是，毛维杰没有锲而不舍地就相似性继续深入研究下去，他后来又当了县教育局的副局长，现在的身份是莫言文学馆馆长。但作为一个早期的"相似迷"，毛维杰还是思考了不少，做了不少工作的。

还有一个人不得不提，他就是北京红缨教育集团的总裁王红兵②，我认为他是在相似论应用方面做得比较成功的。王红兵毕业于清华大

---

① 20世纪八九十年代，《光明日报》曾在显著位置分两次介绍了张光鉴的相似论，分别是《全国劳模张光鉴和他的相似论》，《光明日报》1984年5月23日；《集认识论、方法论和思维科学理论为一体，张光鉴提出"相似论"引起广泛关注》，《光明日报》1992年5月25日。

② 王红兵，1967年生，安徽歙县人，北京红缨教育机构创始人。

学，高考时他考了县里的前几名，填报志愿时他的老师说："你的分数这么高，就大胆地填清华吧。"他就填了清华大学。但是学什么专业呢？他的父亲说："现在中国人那么多，以后肯定要盖房子，你不如学建筑吧！"他于是学了建筑。结果去了学校以后，由于没有素描基础，他学得很吃力。后来便转到了中文系，最后是以双学位毕业的。

大学毕业后，他进入国家教育部下属的《中国教育报》工作。但这个人不甘平庸，不久就辞职和别人在中关村合伙推销幼儿园管理方面的软件。大概到 2000 年左右，他开始创办幼儿园。当时张老师主持了教育部的一个大课题"科学教育——开发儿童少年潜能研究"，最终出版了《科学教育与相似论》①这本书。王红兵是搞幼儿教育的，他得知这个信息后，就锲而不舍地跟着张老师学习。张老师这个人吧，你只要跟他谈相似性，他绝对是热情澎湃。有一次他俩聊到晚上两点多钟，王红兵突然觉得他的阈值或者阀门被点开了，从此就形成了相似性的思维，这在某种程度上可以说打通了他以后的成功之路。

由于第一所幼儿园办得比较成功，他跟合伙人又办了第二所。但是办一所幼儿园需要投资 200 多万元，他们没钱办第三所了。北大光华学院不是一直以管理著称嘛，王红兵就去请教从国外回来的龙军生②教授。他问教授："我这个幼儿园应该怎么样发展呢？"教授用一句话回答了他："幼教也算服务行业，服务行业最成功的模式就是连锁。"王红兵刚开始觉得，幼儿教育怎么可能搞连锁呢？可他基于相似性的原理一想，"怎么不可能，这种连锁的理念我也可以移植到教育中来"。于是，他听从了教授的建议。他首先找到相似的模板——如家酒店，在参考了"如家"整套运行管理文件的基础上，又邀请一批具有丰富幼儿园管理经验的院长对这些文件进行修改和变异，从而设计了一套全新的适

① 作者是张光鉴、高林生、张菀竹，由江苏科学技术出版社于 2000 年出版。

② 龙军生，北京大学光华管理学院教授，曾任美国摩根斯坦利公司机构交易执行系统经理、美国美林证券公司全球金融衍生部助理副总裁。

用于幼儿教育的连锁方案。在此基础上，他推出冠名为"红缨幼儿连锁园"的项目，对外输出管理、教学、培训、文化等一系列解决方案。加盟费开始也很便宜，只要五千块钱，后来增加到十万元，目前红缨教育已经从最初的两家发展到今天的两千多家，成为全国最大的幼儿园连锁品牌。而且它还通过与别的公司联姻实现了上市，现在每年的盈利都在五六千万元。在运用相似性不断取得成功后，王红兵有了"相似，创新之魂"① 的深刻体会。

四、"'阿尔法狗'挑战李世石"

因为我的学科背景是计算机，围棋也是我的业余爱好，所以我对"阿尔法狗"一直比较关注。"阿尔法狗"人机大赛② 出来之后，许多人觉得人工智能实在太厉害、太可怕了，未来世界很可能由机器人统治，这也是美国大片的一个主要题材。但根据我的判断，人工智能想要战胜人类是不可能的，即使可能也有无穷远的距离。

钱老曾经对张光鉴表达过这样的观点：关于脑科学的研究进展十分缓慢，包括大脑的信息是怎么传递的、怎么储存的、怎么运算的都不清楚，我们研究思维不必等脑科学的成果，可以通过宏观观察来研究。③

---

① 王红兵：《从幼儿园到清华园》，学苑出版社 2011 年版，第 163 页。

② "阿尔法狗"（AlphaGo）是由谷歌旗下 DeepMind 公司设计出品的一款围棋人工智能程序。2016 年 3 月 9—15 日，AlphaGo 以总分 4 比 1 战胜韩国围棋职业九段棋手李世石。

③ 钱学森的原话是："我们希望脑科学发展快点，但不得不说我们不能靠他们。那怎么办？我们还有一条路，就是思维科学的基础科学，思维学的路，也就是从宏观而不从微观，不从脑神经细胞做起。思维科学就是要从宏观开始找人的思维的规律，研究这个规律。"转引自卢明森编：《钱学森思维科学思想》，科学出版社 2012 年版，第 66 页。

所以说，既然我们对大脑的机理还知之甚少，再加上所有控制机器人的人工智能软件都是人写出来的，因此，从哲学原理上讲，智能机器人是不可能战胜人类的。人的大脑是一个生物体，它最大的功能是可以创造；而机器是一堆没有生命的硬件，它不可能创造，只是用了更多数据、更复杂算法的软件罢了。

我是搞计算机的，我很清楚计算机的语言、结构几十年来都没有发生大的变化。它的工作原理仍然是"存储"＋"计算"，用我们的术语来讲就是"if-then-else"模式。思维分为两种，一种是逻辑思维，一种是形象思维。凭借运算速度快和存储容量大的优势，计算机做逻辑判断是非常容易的，但它却很难做形象思维的事情。而人脑不同，它的认知不是靠"计算"出来的，而是"基于相似性的匹配"。虽然机器在很多方面已经超越了人类，比如人的负重比不过起重机，还有人在处理数据方面也不可能有计算机那么快，但机器永远也不可能像人类那样去思维、去创造。

听说柯洁① 马上要和"阿尔法狗"比赛了②，我的预测是柯洁也不一定下得赢它。早在十几年前，"深蓝"③ 计算机曾经与象棋大师卡斯帕罗夫④ 进行过对弈，那时电脑的运算速度、存储容量、读谱和学习的能力都比较弱，他俩的比赛虽然互有输赢，但卡斯帕罗夫是占上风的。但这次不一样，"阿尔法狗"具备了更强的所谓"学习"的能力，其实就是电脑的计算软件做的更好了，它学习了很多优秀的棋谱，包括李世石、柯洁的棋谱。因为围棋是以计算为基础的，"阿尔法狗"在强大算

---

① 柯洁，1997 年生，浙江丽水人，中国围棋职业九段棋手。

② 采访时间为 2017 年 5 月 11 日，此时柯洁尚未与"阿尔法狗"进行比赛。

③ 深蓝（Deep Blue），由美国 IBM 公司生产的一台国际象棋超级电脑。1996 年 2 月 10—17 日，深蓝以 2：4 的比分不敌国际象棋世界冠军卡斯帕罗夫。其后研究小组对其加以改良，1997 年 5 月 3—11 日，深蓝最终以 3.5：2.5 击败卡斯帕罗夫。赛后 IBM 宣布深蓝退役。

④ 卡斯帕罗夫，1963 年生，俄罗斯人，国际象棋特级大师。

法的支撑下，会在以往的定式中选择一种最有力的下法进行回应。所以不管李世石还是柯洁，棋手相当于在跟 100 个高手甚至更多的高手在下，这样他永远处于劣势。我举一个很形象的例子，我们大学同学有一个围棋高手，我们单个跟他下都赢不了他，但我们三个人一起下就能赢他，正好比是"三个臭皮匠赛过一个诸葛亮"。

但是，在我看来，即便后来的人都赢不了"阿尔法狗"，也不能说明机器就一定能够战胜人类。当时谷歌在组团队的时候还邀请过我的一个大学同学，当时是我们班的围棋第一高手，现居美国，他后来婉拒了。但如果他去参加，很可能就是这个程序的设计成员之一。总之，对于这个事件，我的看法就是，电脑是由程序控制的，程序是由人设计的，它总赶不上设计它的人；但同时我们也充分肯定它的成绩，因为按照钱老的观点，人工智能也是破解人类思维奥秘的一条重要途径。

五、思维研究是形而上的

20 世纪 80 年代，钱老虽然已经是六七十岁的人了，但依然精力充沛，思维科学在当时应该算是最辉煌的一个阶段。后来随着他年龄的逐渐增长，这个方面确实是后继无人了。

要追溯"思维科学"这个词最早的来源，大概是 20 世纪 30 年代有人写的一篇文章里提到过[①]，但真正提出把它作为一个学科门类进行研

---

① 思维科学（Noetic Science），最早由南叶青于 1931 年在题为《科学与哲学》的论文中提出。他把自然、社会和思维三种现象放在同一层面上进行了严格的界定，指出自然、科学和思维的根本区别就在于"自然现象是不经过人的行为就已经存在的，社会现象是要经过人的行为才能够存在的。思维现象是未经过人的行为，因而未外化成事实的观念作用和观念形态"。

究的是钱老。他提出一个宏大的"三驾马车"的构架，即成立中国科学院、社会科学院、思维科学院，它们是并驾齐驱的概念。令人惋惜的是，这个设想没有实施。

为了组建一支研究队伍，钱老曾经圈定了一个20人的大名单①，其中张光鉴老师排在第一位。但是张老师也有他的缺陷，他是纯工科背景出生的，文字功底相对弱一些，最关键的一个问题是他没有助手，他的一些思想没人帮他整理，只能靠他自己去做，这就比较难了。他曾多次跟钱老提出，他当不了思维科学学会筹备组的组长，但钱老认为他一定行，还说"就你行"。其实钱老的用意十分明显，因为相对来说有工科背景的人研究这个更有优势。

钱老对于教育的"钱学森之问"也不是一下冒出来的，我认为他当时其实提了两个"问"。在中国科技大学讲课的时候，他就提出："教育科学中最难的问题，也是最核心的问题是教育科学的基础理论，即人的知识和应用知识的智力是怎样获得的？有什么规律？"② 那是他对教育的"第一问"。后来，他的孙子每天晚上写作业写到11点，他就给当时的国家教委主任李铁映写了一封信："现在的教育怎么得了，作业布置那么多，我这个孙子是越学越傻。"③2005年，他在温家宝总理看望他的时候又提出："中国没有一所大学包括北大、清华等，是按照培养科学技

---

① 1984年8月，经钱学森的物色推荐，在全国第一次思维科学研讨会上产生了由20人组成的中国思维科学学会筹备组。其中钱学森、高士其、李庄、吴运铎任顾问，张光鉴任组长，田运任副组长。成员有马华孝、马希文、刘贯文、刘奎林、刘觐龙、陈霖、李宝恒、李德华、欧阳绛、胡寄南、高志其、黄浩森、杨春鼎、戴汝为。

② 钱学森：《关于教育科学的基础理论》，载赵泽宗编著：《钱学森教育思想及其探索与实践》，清华大学出版社2014年版，第28页。

③ 《钱学森书信选》编辑组编：《钱学森书信选》（上卷），国防工业出版社2008年版，第711页。

术发明创造人才的模式去办学，老是'冒'不出杰出人才。"① 后来在安徽 11 位教授联名的公开信中演变为"为什么我们的学校总是培养不出杰出人才"②。这便是他对教育的"第二问"，即世人皆知的"钱学森之问"。所以他对教育是持续关注的。

科学的研究涉及了很多学科，其中逻辑思维从苏格拉底③ 时期发展到今天已经成为一门很成熟、很规范的学科了，而形象思维的发展却一直止步不前，所以他在这方面进行了大量的思考。钱永刚给我讲过一个事情：他的儿子在国防科工委工作，当时科工委有一个学习先辈的活动，他的儿子回家后就跟钱学森说："爷爷，以前我都不知道，原来您过去取得了那么大的成就。"钱学森这样回道："其实爷爷 2000 年以前做的事情都不算什么，2000 年以后的事情才是真正重要的。"这句话让我联想到，钱老在最早讲成立思维科学院的时候，说过"可能还要等个十几年，要等到 2000 年以后才能够成立"④，虽然后来他又给出了一个很长的范围，一个 200 年的范围，但是 2000 年是一个最早的时间节点，所以我特别能体会这句话的含义。换句话说，从哲学上讲，他认为之前的那些都是形而下的，而思维研究才是形而上的。

---

① 赵泽宗编著：《钱学森教育思想及其探索与实践》，清华大学出版社 2014 年版，第 146 页。

② 沈正赋等：《让我们直面"钱学森之问"》，《新安晚报》2009 年 11 月 11 日。

③ 苏格拉底（前 469—前 399），古希腊著名思想家、哲学家、教育家，被认为是西方哲学的奠基者。

④ 钱学森在《关于思维科学》中写道："我以前曾表示过希望每一个现代科学技术大部门都能组建一个科学院，但也估计中国思维科学院大概要等到 21 世纪才能成立。21 世纪是从 2000 年到 2100 年，离现在还有十七年到一百一十七年，这个希望不能算过高吧。能否力争二三十年后成立中国思维科学院？但这些也都是猜测，重要的是思维科学领域中动手做些踏实的工作。"载钱学森：《关于思维科学》，《自然杂志》1983 年第 8 期。

六、提出"相似创造原理"

相似论提出了三条规律——"相似运动律""相似联系律""相似创造律",其中最核心的是"相似创造律"。辩证唯物主义有三句很有名的话,即事物是运动的,事物是联系的,事物是发展的。但具体是怎么运动的,怎么联系的,怎么发展的?张光鉴的"相似论"往前走了一步,即事物都是相似运动的,事物都是相似联系的,事物都是相似发展的。为此我专门跟张光鉴老师讨教过:"您为什么要从这三方面进行归纳,是不是从辩证唯物主义里的这三句话联想到的?"他说:"是的。"

对这三条规律,张老师用的研究方法是归纳法。他通过关注美国《科学》杂志里量子力学、物理学和脑科学方面的新发现,再运用相似论去印证它们是不是相似运动、相似联系、相似创造的。现在我使用演绎法,在"相似创造律"的基础上提炼了一个"相似创造原理"。人们一天到晚都在说创造,但究竟要怎样去创造呢?之前没人对此下过定义。我大概搜集了一下,中国人定义了40多种"创造原理",日本人总结了100多种"创造方法",但不管是"创造原理"还是"创造方法",核心只有一个——"相似创造",都是基于相似性的创造。所以我们要创造,就是首先要找到相似的模板,在相似的模板上对要解决的问题进行变异,从而得到一个新的模板,这个新的模板就是创造。

以水杯为例,我们喝水的杯子到今天已经经过了无数次的演绎,而且以后还会基于这个功能不断被创新。那杯子是怎么来的呢?我曾经在一篇文章里写过一段"古人是怎么样发明杯子"的文字:地面总是不平的,天总是要下雨的,下雨之后雨水就被不平的地面屯住了。基于这种能够盛水的相似性,古人用泥巴做成一个下边是封闭的、上面是口子的形状，放到太阳下晒干，于是就形成了一个杯子。后来古人又尝试把晒干的泥放到温度更高的炉子里去烧，于是又出现了陶器杯子；陶器上了釉又出现了瓷器；有了玻璃又出现了玻璃杯；有了铁又出现了铁杯；到今天又出现了纸杯。虽然杯子的形状、颜色、材料、功能一直在不断地变化、不断地创新，但它始终都是基于那个原始的"能盛水"的相似性。

将这个"相似创造原理"运用到教学方面，就能从理论上讲清楚怎样培养具有创造力的人。一些著名高校的校长、教授曾经就"钱学森之问"做过回答，有一位校长说："创造性人才是在有意无意之间产生出来的。"① 有一位教授则说："创造性人才不是培养出来的，是冒出来的。"② 我认为，这些都是随机论，是站不住脚的。任何事物都有其自身运行的规律，你不能说没有发现规律，就说规律不存在。我对形象思维下过一个定义就是"形象思维是基于相似性的想象"。所以要培养创新型人才，必须从培养形象思维开始。

钱老就是一个创造力非常丰富的人，他有很好的形象思维训练。他从小就接触音乐，会弹钢琴、会赏画，他的夫人也是歌唱家。我们有很多案例，许多科学家在搞发明创造的时候，难免会陷入瓶颈，这时他偶尔去听场音乐会，突然不知道哪根神经就被触发了，其实这种灵感现象

① 记者问厦门大学校长朱崇实："为何中国的大学培养不出创新型的人才？"朱崇实说："我个人以为，创新人才一定是在有意无意之间产生出来的，拿我们古人的话来说，是'有心栽花花不开，无意插柳柳成荫'。"载佘峥、李静：《大学要把握住自己的方向——厦门大学校长朱崇实接受本报专访》，《厦门日报》2011年4月2日。

② 原话为："钱学森问：为什么我们的学校总是培养不出杰出人才？我的直觉是，恐怕这个问题本身就有问题。杰出人才是'培养'出来的吗？也许不是。杰出人才很可能是在一种有利的环境中'冒'出来的。所以创造环境，或者说'培育'，远比'培养'更重要。"载钱颖一：《杰出人才是"冒"出来的而不是"养"出来的》，《华夏时报》2016年8月16日。

就是形象思维的凸显。钱老的最后一次谈话①，我觉得基本上就是他对自己一生关于思维研究的一个高度浓缩。他在里面总结了很多种方法，比如他在加州理工学院②读书的时候，导师经常和学生开头脑风暴会，他们随时可以发表不同的意见。有一次他对老师西奥多·冯·卡门说："你把最新研究的成果都发布出来，就不怕别人追上你么？"老师这样回道："我不怕啊，其实我一直都在不断学习，别人在追我的时候我也在进步！"他们就是在经常的头脑风暴中不停地进行思想的碰撞，这些碰撞就是相似性叠加之后产生的突变。所谓思维碰撞出的火花是灵感，这个灵感就来自于相似性积累到一定程度的时候，哲学上讲的从量变到质变的实现过程。

还有钱学森讲的大成智慧，到了今天有了实现的条件。互联网环境下，一个话题可以有十几亿人来进行头脑风暴，这在过去是不可想象的事情。这些思维碰撞出的火花，就是我们经常在网上说的"神回复啊"！一个人提供了一种思路，很多人去演绎，很多人去叠加，最后形成了一个让人满意的结果。事实上，所有人的智慧叠加在一起就是大成智慧。

七、"它这个可以获诺贝尔奖"

东南大学苑金龙教授对相似论的评价非常高，他甚至将其与"相对论"相提并论。他说，当时爱因斯坦提出相对论的时候，时间可长可短、空间可以弯曲等概念全世界只有七八个物理学家能看懂，现在相似论与其有惊人的相似，只有极少数人能够深刻地理解它的价值。

---

① 涂元季、顾吉环、李明：《钱学森的最后一次系统谈话：谈科技创新人才的培养问题》，《人民日报》2009 年 11 月 5 日。

② 加州理工学院（California Institute of Technology），美国著名私立研究型大学，钱学森曾于 1936—1955 年在加州理工学院航空系学习并留校任教。

著名的科普作家高士其也意识到了它的价值，他在给《相似论》作的序中写道："相似论已经不再是一篇简单的科学论文了，它是站在科学的高度，而又超越科学领域的哲学论文，它的事例和论点不仅赋予科学工作者以有益的启示，而且也赋予其他社会工作者有益的启示。"①

在钱学森主编的《关于思维科学》中收录的《相似论》，总结了四条规律，后来正式出版时缩减为三条规律。我认为，张光鉴老师发现了创造的规律，即"相似创造律就是创造的规律"，可惜这个事到现在也没有太多人知道。前面提到的北京红缨教育的 CEO 王红兵曾跟我说："它这个可以获诺贝尔奖！"在我看来，它是一篇高水平的论文，应该在像《Nature》② 这样世界顶级的杂志上发表，才会有大的影响力。

八、"相似引导教学法"

张老师在研究相似论的过程中读了大量哲学的经典，他曾经引用过《论语》中"闻一知十"的典故。这个故事讲的是，孔子问子贡："你跟颜回比怎么样啊？"子贡说："我哪能跟颜回比，颜回是闻一知十，我只能闻一知二。"③《论语》中还讲："举一隅不以三隅反，则不复也。"④ 我们很难去还原孔子当时教学时的场景，但我认为他这段话的意思是：以一个房屋的四个角为例，如果我讲清楚了一个角落的结构，学生还不清楚其他三个是什么样子的话，就不再教他了。像"闻一知十""举一反

---

① 张光鉴等：《相似论》，江苏科学技术出版社 1992 年版，"序言"第 2 页。

② 《Nature》，英国著名杂志，主要报道和评论全球科技领域里最重要的突破。

③ 原文为："子谓子贡曰：'女与回也孰愈？'对曰：'赐也何敢望回。回也闻一以知十，赐也闻一以知二。'子曰：'弗如也，吾与女弗如也！'"出自《论语·公冶长》。

④ 《论语·述而》。

三""一以贯之""万变不离其宗",这里面的"一""宗",其核心都是相似性。

我和张老师经常在一起探讨问题,有一次我问他:"什么是相似性?您的书上只对'相似'有定义,'同与变异'即是相似。但什么叫相似性,您却没有下过定义。"他反问我:"老子的《道德经》中对'道'有过定义么?"孔子与子贡在《论语》中也有过一段类似的对话。孔子说:"我不想说话了",子贡说:"你要不说话,我们这些学生还转述什么呢?"孔子说:"天何言哉!"① 意思就是天也没有说话,但四季不照常运行,百物不照样生长么?

我现在在写"晋蜀学论语"这样一个微信文集系列,《论语》已经有很多人研究过了,但我的研究方法和别人不一样。我不会从第一条解释到最后一条,很多人都是这么做的。我的方法是大数据、立体式的方式,最终是去分析孔子的哪些教育方式是符合相似性的规律的。比如他的因材施教,就是我总结提炼的"七法则"的最高法则。

这本"相似教学论"中,最核心的部分就是"相似引导教学法"。我在这一部分首先讲了一些基本的概念,包括张光鉴的"相似块"理论、西蒙的"熟悉块"理论② 、皮亚杰的"认知"理论③ 和奥苏伯尔的

---

① 原文为:"子曰:'予欲无言。'子贡曰:'子如不言,则小子何述焉?'子曰:'天何言哉?四时行焉,百物生焉,天何言哉?'"出自《论语·阳货篇》。

② 赫伯特·亚历山大·西蒙(1916—2001),美国著名学者,1978 年诺贝尔经济学奖获得者。代表作有《管理行为》《管理决策新科学》《思维模型》《有限理性模型》等。"熟悉块"的基本观点是:直觉实质上是通过从新问题情境中识别出一个与原有的熟悉块相似的模式,并调用与那个熟悉块相联系的信息解决新问题的过程。

③ 让·皮亚杰认为,知识发展受三个基本的过程的影响,即同化、顺化和平衡。每当个体遇到新的刺激时总是试图用原有图式去同化,若获得成功,便能得到暂时的平衡;如果原有图式无法同化环境刺激,个体便会作出顺化,即调节原有图式或重新建立新图式,直至达到认识上的新平衡。

"有意义学习"理论[①] 等。然后在此基础上总结了七条"法则":了解教学对象的基础、用相似性激发兴趣、精准设计比喻、相似记忆、"铺垫"与"搭桥"、学用结合和因材施教等。

为什么说"因材施教"是最高法则呢?因为它的成本是最高的。张老师曾向我推荐过一本书,是洪定国[②] 教授对他的导师戴维·玻姆[③]所著《论创造力》[④] 的译作。这本书基本上是玻姆关于思维、关于创造的一些谈话,与《论语》的形式比较类似。书中列举了这样一个案例:美国作家海伦·凯勒从小因病失聪失明,不能说话,无法正常学习,她的母亲便聘请了特殊教育老师安妮·沙利文来教她的女儿。如何才能使海伦·凯勒学会正常与人沟通呢?安妮尝试了多种方法后,终于探索出了适应海伦的教学方法。为了教"水"的概念,她带着海伦来到水井房,把她的小手放在冰凉的流水中,同时用手在她湿淋淋的掌中不停地拼写"water"。海伦刚开始不能理解老师的做法,但不一会儿后她突然顿悟,原来老师想要告诉她触摸到的东西就是"water",海伦第一次对水有了突破性的认识。更难的还在后面,安妮教海伦如何认识抽象的概念。一天,安妮要海伦把大小不同的珠子穿成两颗大珠和三颗小珠相间隔的式样。海伦不知道什么是正确的顺序,此时安妮非常恰如其分

---

① 大卫·奥苏伯尔(1918—2008),美国认知心理学家,"有意义学习"理论的创始人。代表作有《教育心理学:一种认知观》《学校学习:教育心理学导论》《自我心理学与精神障碍》等。他认为,有意义学习过程的实质,就是符号所代表的新知识与学习者认知结构中已有的适当观念建立非人为的和实质性的联系。

② 洪定国(1936—2009),江西婺源人,湖南师范大学物理系教授。主要研究方向为物理哲学。其代表作有《物理学理论的结构与拓展》《玻姆的科学思想与方法》《物理实在论》等。

③ 戴维·玻姆(1917—1992),美国量子物理学家、科学思想家。他以反潮流的大无畏精神和严谨求实的科学态度对玻尔创立的量子力学正统观点提出了挑战,同时致力于量子理论的新解释。其代表作有《量子理论》《现代物理学中因果性与机遇》《整体性与隐缠序》等。

④ 〔美〕戴维·玻姆:《论创造力》,洪定国译,上海科学技术出版社2001年版。

地用手在她的前额，拼写了"think"这个词，刹那间海伦懂得了"思考"的含义。

《论语》当中也有一个关于"因材施教"的经典故事。子路问老师："听到了就该去做吗？"孔子说："你的父兄都在，怎么能一听到了就去做呢？"冉有问："听到了就该去做吗？"孔子回答："听到了就马上去做。"公西华困惑地问老师说："子路问听到了就该去做吗，你说有父兄在；冉有也问听到了就该去做吗，你却说听到了就马上去做。同样的问题怎么回答不一样呢？"孔子说："冉有做事总是退缩，所以我激励他勇敢去做；子路行事勇气超人，所以我限制他太过刚勇。"①

张老师学的是电机专业，他曾经用一个很简单的模型描述了电磁感应现象。大家都知道，指南针是中国的四大发明之一，由于地球磁极的作用，它的指针永远指向南面。虽然我们感受不到这个巨大的磁场，但

朱晋蜀与采访者合影（朱晋蜀供图）

---

① 出自《论语·先进篇》。

事实上拨动指南针就是在做切割磁力线运动，切割磁力线就会产生电流，转动快点还会产生电磁波，频率越快，同一信道传播的信息越多。张老师正是从最常见、最简单的指南针入手，基于一种相似性的理论，把电是怎么产生的、电磁波的频率是怎样变化的讲得清清楚楚。这用到教学上将是一个非常好的例子。

九、"这个接力棒我要传下去"

我跟张老师是一个很好的配合。因为我是搞教育的，我知道怎样跟人交流、怎样讲能让别人听得懂。不仅仅是我，我觉得应该有更多的人来参与这个研究，以课题的形式来进行是很好的。

一个理论的价值主要在于运用，现在我把对于相似论的一些思考汇编成了《相似教学论》的微信集。这个本来应该是我的博士论文，但由于我没有答辩，所以也没有最终成稿。我曾把电子文档发给我们人文学院的几位老师，他们研究以后给我提交了一个目录。至于这会不会是最终的目录也不一定，因为真正要使其成为一本教学论的教材，还需要再融合、再修改。由于我公务在身，事情较多，只能利用业余时间一点点去做了。

这本集子最关键的部分是应用篇。张老师的相似论更多的是对一些案例进行归纳，而我的重点更多是探讨如何去创造。很多人看了之后都觉得，这推动相似论向前跨了一步。我们至少应该知道怎样去应用它，之后还可以观测它的结果是不是有效，是不是能够通过这样一套理论有意识地从培养学生的创造性思维入手，再结合实际训练他们创造的能力，最终证实它确实能够引发创造。也就是说，创新型人才是在某种理论的指导下培养的，而不是自然生长的或者冒出来的。比如今天我们坐在一起谈了两三个小时，而我希望让更多的人不需要跟我面对面，就可以通过一本专著或者一本教材理解"相似创造"这个原理，就可以训练自己的创造思维。1995年，邹家华副总理曾经作过批示①，要在机械工业当中去推广相似论，意图提高生产效率，但可惜最后影响甚微。

其实每个人都是有创新能力的，创造并不神秘。我曾经看到的一个案例就是很好的证明：美国有一个五六岁的小男孩，每天晚上都要起夜上卫生间。因为很黑看不见，他每次上厕所的时候都要开灯，可是开灯又非常刺眼。刚好他有一个玩具，上面带有荧光粉，他就对妈妈说："能不能把这种荧光粉涂抹在马桶盖上，我不用开灯就可以小便呢？"他妈妈虽然只是一个超市收银员，但她意识到这是个很好的创意，就去申报了专利，结果得到十万美金的专利费。

说起来，我和张老师也有很多的相似性和渊源。比如他是成都人，毕业于以前我当校长的学校，又去了我的老家山西。我想我至少还可以工作20年，这个接力棒我有兴趣把它传下去。

---

① 1995年，机械工程学会成组技术研究会向机械工业部色叙定副部长和李守仁总工程师提交了一份题为《思维科学的相似论与成组技术在机械制造业中的作用》的汇报提纲。当时的邹家华副总理在报告上批示，由国家经贸委向机械部拨专款开办相似工程研究中心。

张家治访谈

[题　记]

　　"我说你（张光鉴）技术改造的成功有一个相似性的问题，应该从哲学的高度去总结一下它的规律，提高到理性上。我其实就发表了这么个意见。这个对他有很大启发，他以后就研究这个相似。"

[访谈信息]

　　访谈者：马君

　　受访者：张家治

　　访谈时间：2017 年 5 月 5 日、2019 年 1 月 19 日

　　访谈地点：太原市小店区山西大学教师宿舍楼

　　录音整理及文稿编写：马君

[张家治简介]

　　张家治，1927 年生，天津静海人，1950 年毕业于山西大学理学院化学系，山西大学教授。历任山西大学教务处处长、校学位委员会委员、校学术委员会委员。1984 年创办《科学、技术与辩证法》杂志并任主编。主编《化学教程》《科学技术史简明教程》，参加撰写《化学哲学基础》一书，发表关于化学哲学及自然辩证法论文多篇。

张家治（张家治供图）

一、思维科学的创建

张光鉴提出相似论后，钱学森发现了，对此很感兴趣，并提出思维科学，让张光鉴研究，组织全国的科研人员成立一支学术队伍。在我认为实际上没搞成。张光鉴在山西省社会科学院成立了思维科学研究所，我觉得没有什么进展。之后，张光鉴将市科协从事自然科学研究的张铁声调入新组建的思维所进行思维科学的相关研究，后来张光鉴去了南京。接着创办了《思维科学》杂志，在经过一段时间的研究后去了山东。我认为，这门学问很难研究，总是在筹备，没有深入下去。

张光鉴就一直在南京大学宣传他的相似论，南京大学为其提供科研费，在儿童教育方面有所成就，但未能推广。作为思维科学来说没有什么更多的发展。我认为这门学问很难。张光鉴有他的特殊性，他原来是个工程师，有很多实践，很多发明、很多技术改进，他这些技术改进、创新每次都成功，张光鉴的脑子很灵活。后来他在市科协的报告中提到了相似性，我去听那个报告。会后我和张光鉴交谈，我认为他的这些技

2019 年 1 月，张家治（左）与马君（右）在受访者家中合影（张家治家人供图）

术革新包含一个哲学问题——就是相似性。后来钱老对张光鉴的成就很感兴趣，请张光鉴去谈话，提出了相似块与思维科学的问题，并让张光鉴去深入研究。这就是思维科学的来龙去脉吧，其实是张光鉴实践的结果，由钱学森提出来的，大概是在 20 世纪 80 年代初期。

二、实践出真知：从技术创新到相似论的提出

那时候还没有思维科学，就是在张光鉴讲了之后才有的思维科学。为什么张光鉴说我对他有很大帮助，就是 20 世纪 80 年代初，他在市科协作报告说，他每一次改进技术都成功，没有失败过，非常难得。通常人们的技术改进往往经过几番失败，然后摸索。他不是，他每次都成功。他讲了很多，这里头他提出中间有很多相似的地方，他就利用这个相似的关系去改进技术，就成功了，而且是一次成功。报告时还没有提

1991 年，张家治获全国教育系统劳动模范奖章（马君供图）

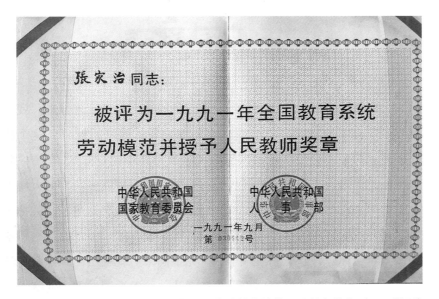

1991 年，张家治被评为全国教育系统劳动模范并获人民教师奖章（马君供图）

相似论，相似性也没说。我认为，张光鉴的成果都是在交叉点上碰撞的结果。相似与不相似是并存的，他的技术改进验证了恩格斯的一句话：交叉点上期望最大成果。

他报告完以后，我和他讨论：我说你技术改造的成功有一个相似性

1984 年，张家治创办《科学、技术与辩证法》杂志（马君供图）

的问题，应该从哲学的高度去总结一下它的规律，提高到理性上。我其实就发表了这么个意见。这个对他有很大启发，他以后就研究这个相似，研究相似后总结了大量的实践经验，提出相似论，并写了一本书。这个相似论提出后，在他们科技界很有影响，他一搞就成功，旁人就不行。因为他来自实践，长期的实践。后来不知怎么钱老知道了，就把张光鉴请到北京谈了一次话，从那之后，钱老又提升了一步，说这是思维科学，张光鉴你好好研究思维科学。张光鉴回来后就在山西省社会科学院成立了一个思维科学研究所，因为钱老让他筹备全国性的，他就先在社科院搞起来。

我知道一直就是个筹备阶段，因为人才问题啊，很难寻找类似的人才。张光鉴看了大量的书，大量关于脑科学的书，看了很多相关的书，他的知识面非常广。他在南京搞推广，我说你老一个人不行啊，你得招研究生，得培养接班人啊，你得把你这套理论传给年轻人。后来我给他推荐我的研究生高策①。高策是学物理的，后来又研究自然辩证法，又是博士。这个大约是在 20 世纪 90 年代，他第二次从南京回来后。他隔两年回来一次，每次都来我这儿和我聊。我不知道他和高策是否联系过，高策也没和我说。

张光鉴在南京推广相似论，扩展到教育领域。他把相似论应用到教育领域，但是从理论上没怎么拔高。我觉得钱老提出思维科学，这个问题很难。这个理论的几条规律也没总结出来，还在摸索期吧。张铁声一直紧跟张光鉴研究相似论。他应该在这方面有很多东西。我实际上就是在他研究的一开头对他有点儿启发，后来也没有参与张光鉴的研究。因为他在报告中讲了很多实例，我一听有共同点，从相似性的角度去改进工作，我想这就是规律问题啊！从相似的角度提高他的理论，就发表了这么点儿意见。从这以后他就把他这一套相似进行了总结，出版了专著《相似论》。

2017 年 5 月，张家治培养的研究生为其庆祝九十华诞并合影（张家治供图）

---

① 高策，山西乡宁人，教授，博士生导师。山西大学副校长，科技部首批软科学专家，兼任中国科学技术史学会理事、山西省人民政府咨询委员会专家、科技部创新方法研究会专家顾问。

刘茂才访谈

[题　记]

中介论与相似论只是完成过程中的认识论与方法论。无论是对自然演变过程的认识，还是对社会变革过程的认识，中介论与相似论都是重要的哲学武器。

[访谈信息]

访谈者：刘碧田、常瑞

受访者：刘茂才

访谈时间：2017 年 5 月 9 日

访谈地点：四川省社会科学院办公楼

录音整理及文稿编写：刘碧田

[刘茂才简介]

刘茂才，1934 年生，山西岢岚人，四川省社会科学院原院长、研究员，第九届全国政协委员，研究领域为地质学、哲学、经济学。他提出了"中介论与相似论"的自由哲学体系，把地质学研究海相与陆相转化过程中的过渡相引入哲学领域，代表作为《中介论与相似论》。主编及著作有《智力开发工程学》《宏观智力论》《西南社会经济情势及发展研究》《流域开发战略研究——长江上游地区资源开发与生态保护的总体战略构想》《行政区划改变后四川经济社会发展战略与对策研究》《创富新思维——消费商时代》等。

刘茂才（刘茂才供图）

一、"历史的误会"

1937 年卢沟桥事变后，日本人占领了华北，我的家乡山西省岢岚县成为抗日革命根据地。我的童年时代就是在抗日战争中度过的。直到 1949 年南下读书，我才离开了家乡。

中学时代我比较喜欢哲学，本来准备报考北大哲学系，但组织上不同意。后来就报考了重庆大学，学的地质勘探专业。因为当时国家号召年轻人到祖国最艰苦、最需要的地方去，毕业后我就去了贵州的大山里从事地质工作，走遍了当地的山山水水。之后，我又到大学里工作了 20 多年，从大学教授一直做到领导职务。

1984 年，我调任四川省社会科学院院长，这是我没有想到的事。它与我之前从事的地质专业毫不相干，也是一个"历史的误会"吧。这种跨行业、跨学科的转型，确实给我造成了一些困难，但也带来了全新的体验，因为不同学科的转型整合可以激发创新的思想，我后来的很多理论都是基于这个背景提出的。

二、"中介论"的提出

可以说，如果没有地质学的理论基础，我就不可能提出"中介论"。"中介论"的概念最早是我在成都地质学院① 教书时想到的。有一次，我们学校的研究生上哲学课时罢课了，为什么呢？因为按教育部的规定，研究生应该上"自然辩证法"②，不应该上"哲学课"，哲学课是大学生上的。但学校缺这方面的老师，我们大多是懂哲学的人不懂自然科学，懂自然科学的人不懂哲学，所以学生罢课也情有可原。

面对这种情况，作为教务处处长的我自告奋勇地开了一门课，给学生们讲"地学辩证法与地学思想史"。在讲课的过程中，我发现了一个有趣的问题：地质学上的"海陆变迁"，是由海洋变成陆地，陆地变成海洋，其间有一个过渡带，这个过渡带既有陆相沉积的特征，又有海洋沉积的特征。那么，这种地质现象如何从哲学上予以揭示呢？我认为，这是一种"亦此亦彼"的中介性，中介论的思想就是这样产生出来的。也就是说，如果没有讲这门课，我就不可能产生中介论的思想。

不仅如此，在上课的过程中，我还发现地质学上的"层控理论"也是中介论的一个很好的例子。过去，地质学家在认识矿床的成因及其演化的理论时，总是用单一的、典型的、绝对的成矿模式去套。凡是非层状矿床就一定是内生的，凡是层状矿床就一定是外生的。但实际上大量的非典型矿床，既显示外生矿床的特征，又显示内生矿床的特征。面对这一过去无法解释的问题，层控理论认为矿床的形成常常是内生、外生

---

① 现成都理工大学。

② 1990 年，国务院学位委员会、国家教育委员会发布《授予博士、硕士学位和培养研究生的学科、专业目录》，将"自然辩证法"改称为"科学技术哲学（自然辩证法）"；1997 年发布的学科目录里，则干脆去掉"自然辩证法"字样，直接称为"科学技术哲学"。

多重作用的结果，这样许多原来对立不相容的概念就被辩证地统一起来了。层控理论因此引起了地质学上一次革命性的变化。

我感觉自然界讲中介性，社会同样讲中介性。我们的生活中也有着大量亦此亦彼的中介现象，这些现象不是对立的，而是在融合中过渡，是在中介过程中完成的。比如社会的变革不是一蹴而成的，也存在着过渡期，也有个中介。这些让我对中介概念产生了浓厚的兴趣，于是进行了更加深入的研究。我翻看了黑格尔的一些哲学书和列宁的《哲学笔记》①，其中都谈到了对"中介"的理解。比如列宁说："一切事物都是互为中介的。"② 黑格尔关于"中介"的论述就更多了。

三、一个思想开明的领导

在对这些进行思考总结的基础上，我在 20 世纪 70 年代的时候写了一篇论文——《论事物过渡态的哲学意义》③。我把这篇文章投稿到中国社科院的《哲学研究》，结果被退回来了，他们觉得这个东西违背了毛泽东的对立统一思想，所以不能刊发。但我觉得中介性的观点是正确的，是具有普遍性的，应该把它作为一个独立的哲学形态来研究、来思考，用一种新的中介思维来取代"非此即彼"的传统思维。

稿子退回来后，我跟时任中共四川省委书记杨超④ 提到这件事，我和他探讨这个问题，结果把他说服了。他说："小伙子，你还挺有见解

---

① 《哲学笔记》汇集了列宁 1895—1916 年所写的有关哲学的读书摘要、评注、札记和短文，是列宁研读哲学著作和探讨马克思主义哲学时所做的笔记汇编。
② 原话为："一切都是互为中介，连成一体，通过转化而联系的。"载《列宁全集》第 38 卷，人民出版社 1959 年版，第 103 页。
③ 刘茂才、林世武：《论事物过渡态的哲学意义》，《大自然探索》1984 年第 4 期。
④ 杨超（1911—2007），原名李文彦，四川达县（今达州市）人，曾任周恩来政治秘书，中共四川省委书记。

《浪尖上的岁月》一书（刘茂才供图）

的，我给你组织一次讨论会吧。"不久他邀请一些哲学界的专家开了个研讨会，我在会上对"中介思维"作了系统的阐述和说明。讨论的过程中有的人赞成，有的人反对。学术上的对立和冲突，关键要有一个思想开明的领导，杨超书记正是这样一位领导，他觉得这个事情很有意义，很快又组织了第二次会议。

当时杨超书记还是《大自然探索》① 杂志的主编，他跟我说："要不我推荐你把这篇文章发在《大自然探索》上吧。"这个刊物虽然说是自然科学方面的杂志，但它毕竟是一个公开刊物，而且还是有点影响的刊物，因此文章发表后，中介论的概念、轮廓、思想才终于得以出炉。

---

① 《大自然探索》创刊于 1982 年，是由四川科学技术出版社主办的综合性的自然科学杂志，内容涉及自然科学的各个方面，充分突出综、专、史、法和探索争鸣的特色，在中国自然科学学术性刊物中独树一帜。

后来，杨超书记又给我准备了一次讨论会，他说你这个东西需要研究，需要思考，你最好把这些构想形成一个独立的思想体系，出版一本专著更好。在杨超书记的支持下，我开始了写作。写作的过程中，我认识了张光鉴先生，他对这个事非常重视，我们后来结成了很好的朋友。

四、重要的哲学"武器"

相似与中介，可以说是一个问题的两个侧面。相似是人们熟悉的比较研究方法，而比较的关键是一事物与他事物的相似性。之所以具有相似性，是因为一切事物都是互为中介、互相联系的。正是因为事物在变化发展的过程中具有中介性，才为我们提供了比较研究的条件。

《中介论与相似论》一书（刘茂才供图）

客观事物的发生、发展必然要经历一个矛盾的、历史的过程。中介论既否定极左，又反对极右，认为中介现象具有普遍性和规律性，无论是在社会现象中，还是在自然现象中，都具有重要的应用价值。例如，人类对地球的认识，从古代朴素的感官认知到近现代科学的论证，分别经历了生物地球观、地学地球观、物理学地球观和宇宙地球观的发展历程，而人类无法跨越这一自然和历史的客观规律，只能在过程中逐步探索和了解地球。比如对立的两极，上与下、左与右、正与负、阴与阳等，它们是如何完成统一的？细心地思考，可以发现它们之中都有一个亦此亦彼的过程，有一个你中有我、我中有你的互为中介的转化过程。正是如此，研究与思考中介这一哲学命题，揭示其联系及规律，必然是一个重要的哲学命题。

我在不断深化对中介认识的过程中，完成了《中介论与相似论》这本专著。现在看来，中介论与相似论只是完成过程中的认识论与方法论。无论是对自然演变如海与陆的变迁过程的认识，还是对社会变革过程的认识，中介论与相似论都是重要的哲学武器。虽然它们并没有在真正意义上被更多的人理解，但我认为它们是对传统哲学的一个理论创新，对认识当今社会、经济、文化现象具有重要的指导价值。

李传庚访谈

[题 记]

"南京三牌楼小学以改革与创新的教育教学求索行为研究，回应着撼动人心的'钱学森之问'。"用校长李传庚的话来说，今天，我们试图以思维科学和儿童教育角度，去做求索"钱学森之问"的探路者……

[访谈信息]

    访谈者：周芳玲

    受访者：李传庚

    访谈时间：2019 年 5 月 24 日

    访谈地点：南京三牌楼小学会议室

    录音整理及文稿编写：周芳玲

[李传庚简介]

李传庚，1967 年生，中共党员，教育硕士，中学高级教师，现任南京市三牌楼小学校长、党委书记，鼓楼区三牌楼小学教育集团董事长，南京市鼓楼区人大代表。主持江苏省教育科学"十一五""十二五"规划课题等多个项目。着力于"钱学森班"课程建构与教学改革。主编并出版《小学课堂思维高峰求索论》《儿童创新思维求索论》《场景学习：点燃儿童思维》等著作，发表论文多篇。提出"小小探索者，大大思想家""办有温度的教育"等办学主张，将思维科学研究融入教学实践，提倡构建学校"求索"特色文化，并正在形成学校办学品牌。

李传庚（周芳玲供图）

南京市陶行知奖获得者（原名"南京市名校长"），南京市第五届优秀哲学社会科学工作者。

一、点燃儿童思维的场景学习

我们学校从 1998 年起，也就是从 20 世纪末就开始开展探索教育实践研究，从 20 世纪末到现在，研究的整个过程，我们发现研究儿童思维和相似论不谋而合，可能会有不同的视角，但思维的方式是一致的，那么我把这个过程介绍一下。

我们从 1998 年到 2018 年开展探索教育研究，探索教育就是要培养善于探索的"大大思想家"。我们主要从四个方面进行研究，探索课本世界、生活世界、网络世界、心灵世界，应该说是取得了一定的成绩，所以相关研究课题被列为江苏省、南京市教育系统规划课题。我们非常宝贵的经验就是在整个研究过程中，自己在探索世界中进行反思。我们感觉到，自己的研究就像一个大箩筐，什么都往里面装，不够聚焦。后来到了 2009 年和 2010 年，重新申报教育科学规划课题，我们认为探索就要聚焦，要聚焦研究儿童思维发展，要把儿童思维研究当作一门科学研究。这就自然而然地涉及场景学习。

所谓"场景学习"，一是场景，二是学习。没有"场景"的学习，或学习者不在"场景"的学习，不是"场景学习"，不妨称之为"非场景学习"。比如，学生在教室里读背《三字经》，一遍又一遍，这也是在学习，但不是置身于"场景"之中，因此这样的学习不属于我们所讲的"场景学习"。

还有一种现象是，有"场"有"景"，却没有真实的"学习"。我们三牌楼小学的学生，几乎每天都经过学校旁的"三牌楼"广场，在那里或驻足休息，或逗留玩耍。尽管学生在不同程度上会受到一些零星的潜移默化的熏陶，但由于没有去专门思考和探究相关知识，这样的无意识"学习"，相当于儿童的学习没有真正的发生。因此，这种情况也不是我们所讲的"场景学习"。

"场景学习"强调的是学习者人在场景、身在场景、心在场景、思在场景，因而学在场景。我们在教育教学实践过程中逐步探索，认为可以从四个方面构建学习场景，也就是基于课堂的学习场景、场馆学习场

李传庚（左）与周芳玲（右）合影（周芳玲供图）

景、E 时空学习场景和家庭学习场景。这就形成了有载体划分的场景学习的类型。我们建构学习场景的目的是让学生先觉得好玩、好看，继而走进场景。重要的是后面的过程，在这样的过程中主要任务就是学习。

（一）儿童场景学习实践

儿童来到学校学习，受制于也取决于教师的教学。一些教师也是想尽各种办法把课上得"精彩"，但效果经常并不如愿。即便是采用名师的教案进行课堂教学，效果还是不尽如人意。于是我们就进行反思，这些教师往往注重一些具体的操作，至于对教学和儿童学习背后的东西却鲜有思考，只知道"其然"，而不知道"其所以然"，更不知如何去把握和拿捏，如何使教学进入美妙境界。我们这个时候就想研究的视角是什么呢？就是要把儿童的思维打开，那么采用什么方式呢？就想到用场景学习。场景学习妙就妙在两个方面：第一个是要顺应儿童思维的特点、规律，有形象性；第二个就是场景学习必须跟我们的书本知识学习非常契合。因为书本上的知识是从生活中来的，那么我们要回到生活中去学习，回到场景中去学习。同时教师在场景中去检验学生学会了没有，另外也要通过场景给学生一种情景，看他能不能解决实际问题，甚至创造性地解决问题。场景学习妙就妙在这个地方。这从相似论角度来说，也是一种相似，和儿童思维相似、和书本学习相似。这种场景就在儿童、书本、生活之间起到了一个连接作用，搭建了一座桥梁。所以场景学习就是换了一种研究视角，通过场景学习，点燃儿童思维，高品质的学习场景一定是能点燃思维的。

比如，我们学校设计的"牌楼礼"学习场景，孩子们一进入这样的学习场景，就会不由自主地好奇提问："为什么叫三牌楼？有四牌楼吗？二牌楼在哪里？"他们也会不由自主地去探究"牌楼上面是些什么字？什么画？"儿童的思维很快就被这样的学习场景所点燃，发现很多很多问题、疑惑，产生很多很多的心得、发现，形成很多很多的链接意识，很多很多的返思、联想……那么，在学习场景中，思维犹如再登攀，一级台阶一级台阶地往上登攀，达到思维高峰。在我们编著的几本书中，其中一本《场景学习：点燃儿童思维》最能反映目前的研究状态。

还有很多实践案例，我在一些文章中没讲到，我们一些学习方式，数学用的比较多。孩子的思维是形象的，小学低年级的数学对孩子来讲，就是一个很抽象的问题，于是我们就要给他一个拐杖，就要给他一个形象思维的东西，那么这个东西是什么？就是生活，就是场景。比如说一堆煤有 30 千克，第一天运走了 5 千克，第二天又运走了 5 千克，问少了多少。孩子们只会求剩下多少，少了多少，那我们这个时候可以通过追问，一步步地逼近真相，少了吗？少了。怎么少的，运走了。少了多少？运走一部分，就清楚了。

再比如，一头小猪和一只小兔跳绳，小兔跳了 56 下，小兔比小猪多跳了 25 下，请问，小猪跳多少下。对于低年级的学生就很困难，搞不清楚，这多 25 是加呢，还是减啊，他只能是猜。我们这时给他加一个提示语，小猪说小兔比它多跳 25 下，是怎么说呢？给你选择，是高兴地说，难为情地说，还是不好意思地说，学生也有不好意思的时候，为什么不好意思啊，人家小兔比它跳得多啊，那它就比较少啊。那少多少呢？少 25 下，那么算式就学会了，一步一步让学生走到这个场景中去，走到情景中去。让他们在场景中学习，还有很多方式。

我们六年级的孩子学习数学过程中，对长方体的长、宽、高等缺乏感性认识。于是我们就有这么一个想法，在六年级第一学期的第一个星期，要求孩子回家帮家长拆快递，然后把快递盒子复原。那么在拆快递盒子过程中，他对长方体各个部位以及它的名称、结构，就有一种感性认识。我们强调的是让孩子在生活中去体验，反复地去体验。

（二）生活中的场景学习

我们强调场景是因为这些场景学习在我们生活中用的也很多。比如我们有一个"护学岗"活动，这个活动非常经典，已经坚持 7 年了。我们三牌楼小学地处主城区主干道上，每天上学和放学时段，社会车辆与家长交通工具相互影响，常常导致局部路段交通瘫痪。于是我们从2013年起，组织开展了"护学岗"活动。这属于思想品德教育领域的一门课程，展示的就是一个个学习场景。分别由学生、教师和家长构成一个学习场景。孩子在这个场景中，学会维护交通规则、学会感恩、学会遵照礼仪等，他能感受到一种温暖。家长在这个场景中，能产生对孩子的关爱，孩子也会产生一种回报之心。老师在这个过程中就觉得孩子是可爱的，我们对他们应该更加关心，这就成了一种师德。作为校长，在这个过程中，我懂得很多教育的意义，孩子的感恩不是靠教的，而是我们给他一种关爱，让他产生一种反馈、产生回报之心，这是个自然的过程。这种"护学岗"场景学习所表现出的状态就是一种愉快的互动，就是在培养一种有温度的思维，各自的言行都能伴随着道德规范和积极的情感体验。过去我们学校搞孝德教育，都是要让孩子给家长做事，通过这个活动，我的感受就是孝道、孝德不是靠教的，而是要靠我们去实践，去利用这个力学的原理让孩子来回馈家长。

比如中午吃饭的时候老师分餐，分完餐之后，过去是谁先分到谁先吃，第一个分到的吃完了，最后一个可能还没有分到，这样不仅秩序乱，孩子也不文明。我们现在就要求所有的孩子都分完了之后，才可以动筷子。我们要求孩子在家里也一样，等家长都到了，再动筷子。吃完之后，把碗放到水池里，把垃圾做一个分类，再把它送下去。每天重复做一件事，他就会有一些体验，有一些认识，产生一些情感，养成一种品德啊，所以这个场景学习不仅仅是知识的学习，还有品德的学习。

我们从场景学习中，把学校办学理念进行了梳理，形成了我们自己的一种文化的表达。比如我们校标就与众不同，我们的校标是去年暑假设计出来的，很多学校都是请专家设计，而我们是在这个过程中慢慢体验出来的。这个校标体现的是什么呢？原来是一把伞，后来我们把它改成了书，伞是学生生命安全的伞，同时知识对于孩子来说，孩子学到的知识、学到的本领，是对他一生最好的保护。人都在下面仰望星空，有思维的灵感、火花，下面是三牌楼三个字母，小学是两个孩子，男孩儿女孩儿。这是现在我们自己的文化表达。办教学的主张是有温度会思考，学生的学风是在场学与再思，在场与再思强调的是结合，书本的学习跟生活的体验学习是要结合在一起的。

教育应该让人的意志更坚强，让人的心肠更软。这些活动使家长也走进了学校，了解学生的日常学习。所以我们现在采用一个场景学习月活动，形成一种活动机制，就是一个月或两个月都是围绕一个主题，这一段时间中，学生主要关注一件事情，头脑就像电脑后台一样在工作，这个时候容易产生灵感，就会有一些认识、体验和发现。

我们2019年3月份举办的祭扫雨花台烈士活动，就是弘扬雨花台红色文化，我们跟其他单位不一样，人家可能到清明那天才去，我们不是。雨花台跟江东门是我们南京两个重要的爱国主义教育示范基地。其实南京人现在都基本上不去，去的都是上海和杭州等地的人。我们去了，这是一个重要的场景。那我们怎么搞呢？比如祭扫那天，场面很宏大，有少先队入队仪式，有老师讲话、学生讲话，学生穿着统一的校服，场面非常震撼。有一些单位或游客，也许只是来这里拍个照什么的就走掉了。我们不是这样，我们在去之前就介绍雨花台是什么，介绍国内战争和解放战争是有关系的，是抗日战争前后的历史，然后告诉大家是哪一个时段发生哪些事，形成一个历史架构，记下来，讲故事，只能讲雨花台的故事，不能随便想讲哪个就讲哪个，小萝卜头跟这没有关系，你就不能讲。我们孩子要在现场去学，然后再到现场去体验。那么这一段时间孩子们对雨花台的来龙去脉，它背后的一些故事，那种文化的体验就不一样了。所以我们强调场景学习主题月活动，一个月或两个月一个主题，等这个活动结束后，我们会在下一个月再选一个主题，学生们之间进行互动，写一些体验作文，无人机拍的照片也给大家看一看，当时学生一起朗诵诗歌的录像也把它再放一放，这样孩子们觉得很震撼，很有意义。有些东西可能只是浮于表面，浮光掠影，没有意义。但场景学习主题月活动是个真正实在的东西。

　　某些地方搞一个什么感恩教育，放上一排水桶，坐着一排家长，蹲着一排孩子，孩子给家长洗脚。家长再说一些煽情的话，孩子们都哭得稀里哗啦的，然后和家人抱在一起，感觉是在人为的制造一些空泛的效益，我们觉得没有必要。"人人为我，我为人人"，应该是一种常态，每天都很真实。我每天早晨都参加"护学岗"活动，6:40到学校，7:10在门口，7:55回办公室，校长就是一个符号。部分班级、老师、家长也参加这个活动。这一周是五五班，到下一周就是五六班，两个班轮值，少数老师也参加，每天早晨有15名家长参加，还有我们高年级中第一名的老师要一个星期固定参加一次，新调过来的老师第一名也要参加的，一周一次，这样去做，家长轮值，班级负责，全校人人参与，天天开展，学生人人受益。这个活动给了我很多的启发，我们讲素质教育，那素质教育是什么？其实就如20世纪七八十年代我们江苏省教育厅的一个副厅长讲的，素质教育就是扫好地、写好字、唱好歌、做好操，这些都是可操作的。比如吃好饭，吃完了以后干嘛，吃完了以后就看书，铃声不响不离开，这个事情就把它做到位了。这样很有规矩。文化表达里面讲究平衡，有温度会思考，没有平衡的教育，那种比较吸引眼球的教育是冒险的，就是一种不科学的教育。我们不一定非要搞得那么热闹，现在有的问题就是互动代替教育，形式大于内容。一些互动活动是没有主题的。日本有一个学者佐藤学①，他写的《静悄悄的革命——创

---

① 　佐藤学（Manabu Sato），1951年生，东京大学教育学博士，东京大学研究生院教育学研究科教授。从事课程论、教学论、教师教育等领域的研究。其中，《课程评论——走向公共性的重建》与《教师这一难题——走向反思性实践》的主要内容已有中译本：《课程与教师》，钟启泉译，教育科学出版社2003年版；《改变教学，学校改变》的中译本《静悄悄的革命——创造活动合作、反思的综合学习课程》，李季湄译，长春出版社2003年版。

造活动合作、反思的综合学习课程》就很好。

学习场景只是一个平台、一种设计或一项载体，是教师教学的前期预设。正如老师上课前的备课一样，更多的情况是效果与预设比较一致，也有时候是不尽如人意，当然也有时候是生成比预设更精彩。我们所期待的是，教师精心设计一个个学习场景，在教学现场中，孩子们从学习场景走向场景学习，其间的学习便自然而然地发生。像我们学校的"钱学森少儿思维科学体验馆"等（下面我要重点谈的），孩子们来到这些类似场馆，或听、或看、或玩，其后必定带来思考。

（三）学习场景呼唤场景学习

高品质的场景学习离不开高品质的学习场景；同样，高品质的学习场景必然会走向高品质的场景学习。

学习场景呼唤场景学习。儿童已经身临其境，如果只是走马观花是不够的，如果只是留下好的观感或者觉得好玩而已，那么也是不够的。我们建构学习场景的目的是让学生觉得好玩、好看，继而走进场景。重要的是后面的过程，这样的过程中主要任务就是学习。基于项目或问题让学生动手动脑，解决问题；在网络社群场景中，儿童享受巨量信息；在社区或家庭中，通过提供服务促进学习成长；在课堂上经历一个又一个学习场景，让课堂变得灵动起来。儿童在如此真实的情境中积极实践、累积思考，学习就会自然而然地进行。或许，此刻，"教学"由此变成"教育"，"学科教学"也演变成"学科教育"，这不正是回到教育的"原点"吗？

儿童的认知是感性的，需要学习场景；儿童渴求知识，是天生的学习者。在场景中儿童能够胜任场景学习的需要；儿童也是天生的学习场景建构者。

在多样化的学习场景建构中，重点应该放在课堂方面。这是因为儿童经历过程最多的就是课堂学习，而教师在课堂中长期形成的教学行为亟须改革。

现实教学中，教师如何使用学习场景为教学服务？教师如何以此来点燃儿童的思维？我们经过初步探索实践，认为可以尝试从四个方面进行。

首先是理解场景。就如《孔子春游》一文记述了孔子和弟子春游一事。"遇水必观"的孔子凝望春水，在愉悦的氛围中，触发了灵感，说出"水是真君子"的精妙话语。孔子现场教学，让弟子们即兴畅谈志向。有这样自然的场景，教学设计何乐而不为呢？其次是进入场景。比如小学教材第四册《谁的本领大》，描述了两次比赛场面，也可以让学生扮演解说员进行赛场点评。第三是改造场景。场景在教学中不仅仅是再现，应该利用它为儿童学习的真正发生服务，必要时需要对场景进行"改造"，发挥场景的最大效能。小学教材第四册有《蜗牛的奖杯》一篇课文，我在教学中并非用"骄傲"这个结论去"框住"学生和文本，而是抓住"背着"奖杯和"睡在奖杯里"进行发问："面对这样的情景，你想到过自己有类似的经历吗？"学生说自己获奖领到获奖证书，或是新买玩具后"爱不释手"的经历，仿佛就在眼前。这样学生的认知思维在场景与文本协同作用下得到重构。第四是设计场景。比如，一位教师执教《记一个熟悉或钦佩的人》，教学设计"程式化"，学生眼中的"熟悉的人"非常刻板，"高、大、全"的味道较浓，这样学生习作过程感觉痛苦。在观课之后，教师们进行了研讨，采用建构场景的方式重新设计教学，组织学生聊一聊家庭成员看电视的偏好，再说一说偏好背后的原因等等。这时学生的状态非常自由和真实，会情不自禁地使用鲜活的生活语言，然后再利用思维惯性拉回到我们生活中，说说各自钦佩的人，激活他们的思维。

课堂永远是最大、最重要的学习场景，也是场景建构中的重点与难点。"描述场景""模拟场景""创造场景"等都是我们建构场景的设计思路，也是引导学生参与场景设计的重要措施。

场景从儿童生活中来，教育工作者理应将场景"还给"儿童，让其在动手参与建构中，快乐地发现这个可爱的世界，并在温暖的环境中去点燃儿童思维。具体到课程实践中如何应用呢？我介绍一下钱学森思维科学在三牌楼小学的具体操作。

二、"钱学森班"成立始末

我们是 2012 年 5 月 31 日成立的"钱学森班"，当时在全国是首家小学"钱学森班"。为什么要成立这个班呢？当时我们觉得探索教育很虚很空，即使不研究探索教育，也要探索课本世界、生活世界、心灵世界、网络世界，这种过于大而全，后来我们就想探索教育要聚焦，要研究狭义上的探索教育，就是要研究思维，我们要把儿童思维当作一门科学研究，以此推进我们三牌楼小学教育的深度改革。当时不知谁随口讲了一句，我们一分钟之内就上网查了，知道了思维科学是钱老提出的。钱老倡导培养全才通才、创新人才、杰出人才的发展目标，教育要符合思维科学、系统科学等基本理论，使学生达到德智体美劳全面发展。当时各级各类学校纷纷挖掘钱学森的教育资源，创办了大学、中学、小学一系列的"钱学森班"作为科研实验项目。比如大学里有西安交大"钱学森班"、清华大学"钱学森力学班"；中学里有北京十二中"钱学森航天实验班"、北京师范大学附属中学"钱学森班"、101 中学"钱学森班"、海淀实验中学"钱学森班"；小学当时还没有"钱学森班"。那时正是"十二五"期间，我们三牌楼小学策划了"求索：小学特色文化的校本建构"课题研究，并被江苏省教育科学规划办批准立项。紧接着我们找到张光鉴教授，通过他联系到钱学森之子钱永刚[①] 教授，后来在钱

---

① 钱永刚，1948 年生，钱学森之子，教授，高级工程师，上海交通大学钱学森图书馆馆长。长期从事计算机应用软件系统的研究工作。

教授的关心和指导下，我们南京市三牌楼小学于 2012 年 5 月 31 日正式成立了"钱学森班"。

三、场景学习的机制创新——"大大的钱学森班"

既然我们有了全国首家小学"钱学森班"，就不能办普通意义上的"钱学森班"，我们就起了一个名字叫"大大的钱学森班"，所有的学生都是"钱学森班"的，倡导学生做"小小探索者，大大思想家"。主要特点表现在：一是起步早，从基础教育起始阶段开始；二是注重课程创建和变革；三是指向人的素质教育核心，研究儿童创新思维发展培养；四是办班建制不固定，在全校各个年级推进"钱学森班"课程，重在教育思想革新和课程教学创新。全校所有学生都作为"钱学森班"的一员，各个年级开设的"钱学森班"课程都有所不同，创办过程中，主要架构并落成了"钱学森班"特色软、硬件建设，订立"班约"；设立少儿思维科学研究院与之匹配，并制定建院章程；设置少儿思维科学体验馆等互动机构。后来，钱永刚教授还安排了杭州、西安一些高新小学到我们这里学习、取经。

开办"钱学森班"后，我们专门开设了儿童创新思维课程。围绕培养儿童的创新思维，极力营造创新思维产生的情境，大力激发孩子的求知欲望，让孩子在求索中学习思维科学，养成良好的思维习惯，形成思维品质，所以我们制定了思维训练课程。

大致是在一年级开设"金童话"想象课程，在二年级开设"小问号"科学课程，在三年级开设"1+1"数学思维课程，在四年级开设"金苹果"灵感课程，在五年级开设"小飞罗"哲学课程，在六年级开设"1+x"综合课程。根据学生的不同年龄、心理特点和认知水平，选择不同的年级开设不同的创新思维课程，目的就是进行不一样的思维能力的"加餐"训练，让不同年龄段的孩子在思维创新方面得到相应的发展。

（一）具象与经验："金童话"想象课程

具体操作就是通过"金童话"想象课程，重点培养儿童的形象思维能力。在课程学习过程中，让一年级小学生体会形象思维的形象性、非逻辑性、粗略性和想象性，让儿童感受到形象思维的具象性、经验性、活动性和情趣性。这里主要就是研究儿童的语言，让儿童运用语言表达自己的思想，让儿童把自己的语言通过各自独特的方式大胆呈现出来，进而张扬儿童的形象思维。学生可以围绕一个词、一个句子、一个主题畅所欲言，尽情分享儿童之间最美丽的、灵动的语言，训练学生学会用语言展开形象思维的能力，教给学生发挥想象力、掌握形象思维的方法。"金童话"想象课程是基于有趣的句子培养儿童的形象思维，基于对"对子"展开形象思维，基于神奇的比喻、形象的拟人发挥想象，掌握形象思维方法，基于儿童诗的创作培养形象思维能力。

比如我们有"有趣的句子""词语冰糖葫芦""对对碰""神奇的比喻""形象的拟人""我们都是小诗人"等六个主题活动，充分利用课本插图资源激活形象思维，合理利用信息技术科学地进行思维训练，强化形象思维培养，着力提升儿童思维品质。

钱学森教授在 1992 年 9 月 21 日给李德华① 教授的信中写道："形象思维的过程实是与人的实践经验有关的，人的实践经验沉积于人的大脑，把某一形象（心象）与其将产生的结果作为规律，一旦人在以后某时某刻又得此形象（心象），则'归纳'为规律所决定的结果，即'概念'。我自己反思，我的形象思维就是这么一回事！"著名心理学家朱

---

① 李德华，华中科技大学自动化学院教授，博士生导师。主要从事计算机科学、人工智能、思维科学等研究。

智贤[①] 认为小学儿童思维的基本特点是："从以具体形象思维为主要形式逐步过渡到以抽象逻辑思维为主要形式。但这种抽象逻辑思维在很大程度上，仍然是直接与感性经验相联系的，仍然具有很大成分的具体形象性。"比如，小学生学习《蚕姑娘》这篇课文时，春天天气暖洋洋，蚕卵里钻出蚕姑娘，蚕姑娘长得什么样呢？孩子们大脑中可能跳出自己养蚕时所看到的或者所听说的蚕宝宝的形象变化等一系列画面，用感性经验，滔滔不绝地讲述起来。再比如词串训练，我们也叫"词语冰糖葫芦"。就是让儿童在理解词串的基础上，试着创作出属于自己的词串，即让儿童对所给出的一串词语产生自己形象的画面与理解。比如以"春天"词串为例，学生通过朗读、想象，不难在头脑中产生一幅春景图，如春天开放的花朵"油菜花、迎春花、红梅花"，还有春天苏醒的动物"乌龟、蟒蛇、大狗熊"，春天人们的活动"春游、扫墓、放风筝"等等，孩子们头脑中呈现出春天的动植物等，创作出属于自己的词串，进一步在老师的引导下由春天延伸至其他季节，再创作出自己的夏天、秋天和冬天词串。

还有像有趣的"句子生长"。因为儿童的语言积累要经历由字到词，再到句子、段落的一个过程，小学阶段的语言训练是从说好一个句子开始的。但如何使儿童能够将句子说得完整、通顺、具体、生动，不仅仅需要儿童的逻辑思维能力，更需要儿童对周围生活具象的经验。所以我们在"金童话"想象课程思维训练中，调动儿童形象思维的生动性、想象性，促使儿童将句子说的具体、生动。例如，由"小鸟在叫"到"小鸟在树上叽叽喳喳叫个不停，好像在进行一场唱歌比赛呢！"这其实并不是简单的扩句，而是要求孩子们能根据不同的情景，从表达的需要出发，选用不同的句式，灵活运用陈述句、反问句、设问句、疑问句、肯

---

① 朱智贤（1908—1991），江苏省赣榆县（今江苏省连云港市赣榆区）人，心理学家、教育家，中国现代心理学的奠基人之一，国务院公布的首批博士生导师，培养了我国第一位心理学博士。

定句、否定句、双重否定句，把字句、被字句、祈使句、感叹句等多种句式，反复进行变式训练。随着孩子们想象力的提高，表达的句子再从单句过渡到复句。比如，孩子们逐渐感受到"小白兔很可爱"与"我喜欢小白兔"这两件事之间是有关联的，自然而然体会到了什么是因果句式，表达出"因为小白兔很可爱，所以我很喜欢它"。这样使用一些恰当的关联词组表达，提升他们形象思维的表达水平。

当然还有"对对碰""神奇的比喻"等等这些"金童话"想象课程，其目的就是通过教学在发展儿童语言的过程中发展儿童的形象思维，在发展提升儿童形象思维的过程中，反过来促进儿童语言的丰富与创造，二者相辅相成。

（二）鼓励与宽容："小问号"科学课程

美国哈佛大学有一句教育名言："教育的真正目的就是让人不断地提出问题、思索问题。"小学生正处于对外界事物好奇、最喜欢吸收新知识的时期，所以他们对周围世界表现出渴望认识和探索发现的积极愿望。所以针对儿童这一年龄特点，结合他们的生活实际，我们开发了"小问号"科学课程，努力寻求"新、小、实"的课题，让学生把自己在生活中和学习中感兴趣的问题提出来，大家一起思考讨论，一起关注分享，一起探索解决，一起收获成长。一起来培养儿童探索周围事物的兴趣，培养他们热爱真理和追求真理的责任感。

比如我们设计有课本中的"小问号"，学生在学习过程中涉及童话故事，就有同学提出"什么是童话"，老师就可以相机介绍一些关于童话的特征、表现手法等相关知识，然后让学生介绍一些自己所知道的国内外有名的童话家以及他们的作品，相互比较谁读的童话作品多，并有意识地引导孩子们尝试性地进行小小童话创作。类似的还有关于校园里、家庭里、社会上、自然界等各种"小问号"。

就像我们学校比较经典的"护学岗"活动，已经坚持 7 年了，是我们三牌楼小学校园内的"小问号"活动主题之一。我们学校处于交通要道，为了在校门口撑起一道保护伞，努力为学生营造一个安全、稳定、健康的环境，缓解学校门口的交通压力，我们学校通过各种途径、多种方式向学生和家长宣传护学岗的目的和意义。面向全体家长招募志愿者，以班级为单位开展活动。我作为校长就要率先垂范，大家同心协力，共同保障了学校的安全，净化了校园环境，为学生的健康成长护航，同时让学生们了解学校的工作，增强对学校的感情。学生们通过"护学岗"活动，把自己的所见所闻罗列出来。早上，护学岗哪一幕给你留下了最深刻的印象？对于护学岗你有哪些问题要问？关于护学岗，哪些问题你能解决，哪些问题不能解决，该怎么办？让学生们想一想、议一议、听一听、看一看、演一演、唱一唱，这样培养学生善于发现问题、思考问题的能力，培养学生能提问、多提问、会提问、创新性地提问，鼓励学生尝试多种方式寻求问题的答案，如查阅资料、采访、模拟等形式，体验解答问题的快乐。

（三）猜想与推理："1+1"数学思维课程

倡导建构主义是教育心理学的一场革命，对我国的基础教育领域的新课程改革产生重大影响，对于我们开展"1+1"数学思维课程建构与实施也具有重大指导意义。"1+1"数学思维课程是我们"钱学森班·少儿思维科学研究院"下设的一个子课题内容。主要是让学生探索数学王国的奥妙，学会科学的数学思维方法。"1+1"中的前一个"1"是指学情，也就是说学生发展过程中的某一状态和水平，后面的"1"是指教师为学生实现新发展所创设的外部环境和条件，也是为达成教学目标而设置与安排的师生创造活动，"+"就是指教师的激励引导，学生的自学互动。概括说"1+1"就是学生实现新发展，教师为服务学生新发展而创设有效外部环境和条件的协调互动、共同发展的动态过程。它主要体现在三个方面：一是突出学生主体地位。不是让学生被动地接受知识，而是引导学生去选择、吸纳、组合、批判，澄清新旧知识之间的差异，促进学生建立自己的认知体系。二是重视培养学生的合作意识和解决问题的能力。在"1+1"数学思维课程中，教师与学生、学生与学生、学生与周围环境之间进行互动、协调，不断丰富和更正各自的认识，这也就是彰显我国传统的"教学相长"思想。三是强调知识获得的过程。加强课程内容与现实生活的联系，让学生在学习过程中学会创新思想、解决问题。数学是一门应用性很强的基础学科，只有在实践运用中才能摄取数学知识的精髓。为此我们学校搭建了"1+1"数学思维课程的文化平台——小小设计师，让学生的数学学习从课堂走向课外、走向生活，让学生亲近数学，培养他们用数学眼光分析思考问题；让学生融入数学，学习用数学语言表达想法；让学生分享数学，用数学思维进行创造，提升思维建构的理想高度。这一系列活动是在潜移默化中进行的，无声而有力的熏陶带给学生的促进发展作用是课堂教学无法替代的。

还有，制作数学小报、数学想象画、数学绘本，以及数学教材中思考题的趣味解答、教材中综合实践课的活动实景呈现、数学情景剧设计、数学小实验、小论文、生活中的理财方案、春游的最佳路线设计方案、营养搭配比例设计等等生活中的学问，内容涉及数学与文学、数学与军事、数学与节能、数学与设计、数学与游戏等方方面面。按年级设计活动，每个年级的学生都可以从活动内容中选择适当的主体项目来完成。每年的9月份学校开始张贴"小小设计师"海报，然后进行征评、应征、评比、汇报展示、颁奖等系列活动，为学生提供展示自我的舞台。拓展学生接触数学的时空，让全体学生通过手脑并用的探究活动，体验科学思维的乐趣，并最终促进每一个学生的可持续发展。

（四）自由与快乐："金苹果"灵感课程

灵感思维是人们思维创新的重要方式和思维表现。关于灵感思维的讨论，有刘奎林①教授的《灵感——创新的非逻辑思维艺术》、陶伯华②和朱亚燕的《灵感学引论》、田运教授关于灵感思维的基本特征、张蕾华的《浅谈灵感思维的运用》等等，诸多学者对灵感思维从不同角度以多种观点进行了说明。在当代，第一次鲜明地将灵感现象作为人类的一种重要的思维类型提出来的是钱学森院士。正因为有了钱老对灵感思维的重视，才有了今天学术界对灵感的研究和讨论。钱老在 1980 年 7 月给吴廷嘉③和沈大德的《关于形象思维问题的一封信》中指出："凡是有创造经验的同志都要知道，光靠形象思维和抽象思维不能创造、不能突破。要创造、要突破得有灵感。"

　　钱学森突破传统思维学说的束缚，第一次科学地、系统地构建现代思维科学体系。他将灵感现象作为人类的一种基本思维形式纳入现代思维科学体系之中。他根据研究认为，现代思维科学包括抽象思维、形象思维以及灵感思维，而灵感思维是人类最基本的思维方式之一。人们对灵感思维的研究不应仅仅局限于美学、心理学和文学艺术等人文领域，

---

① 刘奎林，1938 年生，黑龙江省龙江县人，中国思维科学学术带头人之一，中国思维科学学会筹委会副理事长兼秘书长、灵感思维研究中心主任、黑龙江省思维科学学会理事长，艾方教育机构中国青少年思维教育核心顾问。享受国务院政府特殊津贴。刘奎林教授攻克的思维科学"灵感之谜"（创新的非逻辑思维艺术），填补了钱学森院士倡导的现代思维科学理论的空白，受到了钱学森院士等国内外著名科学家的肯定，被钱学森院士誉为"当今思维科学的一员大将"。

② 陶伯华，1947 年生，江苏无锡人，中国思维科学学会（筹）灵感思维研究中心副主任。多年来致力于"五论"（灵感学引论、类推工具论、艺术变相论、超常发展论、实践本体论美学）和"一说"（人类文明超越说）的建构开拓。代表作有《灵感学引论》（与朱亚燕合作）、《现代美育教程》（与金开诚等合作）、《艺术变相论》（与杜文园合作），主编《环北部湾经济开发报告》，享受国务院政府特殊津贴。

③ 吴廷嘉（1943—1997），女，重庆人。中国社会科学院近代史研究所研究员。著有《近代中国知识分子》《历史唯物论与史学研究》等，发表论文近百篇。

还可以关注科学领域的灵感思维研究。我们三牌楼小学的"金苹果发明研究所"是南京市中小学唯一的思维科学科普场馆，"金苹果"灵感课程的设置，主要是通过训练，积极探索培养学生的灵感思维，激发儿童的灵感思维，促进、推动儿童走向发明创造。

"金苹果"灵感课程倡导自由与快乐，主要开发儿童的创新潜能，通过动手实践，开展科学小发明、小创造活动，培养学生的创新精神和创新能力。课程教学过程中，注重培养孩子们的灵感思维。通过学习，让孩子们逐步认识并体会灵感思维的突发性、模糊性、独创性、非自觉性、意象性、灵活性、与其他思维方式互补性等特征。所以在课内，我们各科教学中关注灵感思维训练，注重学科间的整合与融合。在课外，我们重点从五个方面引导学生认识、关注灵感及其思维：（1）"融合与灵感"引导儿童在生活和学习中，学会把不相干的东西融合在一起，引发灵感思维；（2）"关爱与灵感"用关爱引爆"灵感"；（3）"审美与灵感"在审美欣赏的同时，融入个人生活体验和理解力、想象力等，迸发灵感思维的火花；（4）"关注与灵感"是从个人体验入手，发现"灵感"发芽的种子；（5）"梦想与灵感"让每个孩子都努力用梦想启迪灵感，用灵感点燃生活。

其中的"关爱与灵感"设计的主题活动把我们所熟悉的星巴克咖啡馆作为案例。在咖啡馆遍地开花的今天，星巴克为什么能够异军突起，成为咖啡业的佼佼者，它巨大成功的原因是什么？在美国佛蒙特村拥有600名职员的绿山咖啡击败了 HR、摩托罗拉，被选为"最具伦理型的企业"，这又是为什么？我们设计的主题是：咖啡馆里的人情味。我们首先向学生们简单介绍一下星巴克咖啡的发展历程，是什么让星巴克在这么短时间内迅速崛起的？大家共同探寻一下它的成功奥秘。

老师会提供几个关键词，比如：环境、趣味、伙伴等。学生们设身处地变换角色，如果我是星巴克的工作人员，我会如何布置咖啡店？为什么要这么布置？如何设计以便吸引更多的顾客？

星巴克努力培养属于都市人的趣味，有"咖啡教室"，看到这个名字，你猜猜它是干什么的？如果你是星巴克的工作人员，你会利用"咖啡教室"教顾客什么呢？是不是会在卖咖啡的同时，传授给顾客关于咖啡的知识呢？既让顾客喝到了美味的咖啡，又学到咖啡相关的趣味知识。

星巴克的咖啡之所以受到大家的欢迎和喜爱，归根结底是因为它在咖啡豆中添加了一种特殊配料：人情味儿！无论是温馨的环境、丰富的店堂活动，还是自信的员工，都是将人放在首位，带着浓浓人情味儿的创新给星巴克注入了源源不断的活力。他们细心观察了多数人不在意的角落，激发灵感思维，用一杯充满人情味儿的咖啡，为自己浇筑了成功经营的阶梯。

（五）惊异与追问："小飞罗"哲学课程

《哲学鸟飞罗》是美国的一套少年儿童哲学丛书，是由哲学家马修·李普曼①组织编著出版的供少年儿童阅读的哲学启蒙丛书，丛书中分别以《我可以撒谎吗？》《要是我不去上学？》《要是我不遵守规则？》《我可以打架吗？》《为什么我没有钱？》《为什么这也不许，那也不行？》《我可以永远不死吗？》《我可以放弃一切吗？》《为什么我不能当头儿？》《那你呢，你害怕什么？》为题，引导儿童做深入的哲学思考。书中对话形象主体的主人公是6岁的菲卢和智慧鸟飞罗。菲卢和其他小男孩一样，有爸爸、妈妈、哥哥、姐姐，也有学校的朋友们，还有喜欢的女孩子……在日常生活中，有各种各样的事情在菲卢身边发生，疑问也因此而来。飞罗鸟就像是回应菲卢心中的疑问一般，每天晚上都按时飞到

---

① 马修·李普曼（1923—2010），美国当代哲学家和教育家，儿童哲学创始人，被誉为"儿童哲学之父"。他在哥伦比亚大学教授逻辑课时，发现学生不能了解推理，也不了解推理的规则，于是他开始构想如何教导他们推理的方法。他放弃哥伦比亚大学的工作，在新泽西州设立兰德学校，从事儿童哲学研究。

他的卧室窗口。它观察、倾听、鼓励、讨论，但不会尝试回答所有的问题。

菲卢是一个爱思考的孩子，往往会针对一些尴尬的个人问题提问，父母试图与菲卢就此展开真正的讨论。但他们的对话常常以"这不是你想象的那样，我的小菲卢，你听我说……"这样的开场白开始，就像一些家长一样，他们发现很难将问题说得清楚简洁。晚上，飞罗鸟留在卧室窗口，和小男孩展开讨论，某些问题因此变得明确。这套丛书是写给跟菲卢一样有疑问、爱提问的小读者的，让孩子懂得处世做人的道理。通过日常生活中的一个个小故事，而非通过哲学主题词来穿针引线，引导孩子思考日常小问题，帮助父母回答哲学大问题。

所以我们学校在"钱学森班"引导学生进行哲学课程研究时，就选用了"小飞罗"作为我校哲学课程的别称。希望通过这一课程的学习，培养孩子独立思考、创新思维的能力。在课程设计中，认真对待孩子们本初的好奇、求知的疑惑，意义不仅仅在于帮助孩子正确认知，更重要的是引导孩子独立自主思考，依靠自己的创造力解决问题。课程还特别采用了连续问答、反问追问相结合的方式，一步步引导孩子的逻辑思考、多角度质疑、发散式思维，有效地培养孩子独立思考求解、全方位创意思维的能力。

语文教材中有许多含义深刻的文本，像《自相矛盾》《南辕北辙》《守株待兔》《揠苗助长》等，对这些故事里的人和事，请学生判断评价，就是要培养他们全面地对待问题，不仅要看到事物的正面，还要看到事物的反面。流传了千年的"塞翁失马"，这个故事中所蕴含的"福兮祸所伏，祸兮福所倚"的道理，就是原始而朴素的辩证法思想。通过这些民间故事、传说，引导孩子们对问题进行辩证的分析。当然这样的实例还能列举很多，古今中外的成语和寓言故事都有朴素辩证思想的经典，具有极高的教育价值。我们还从民间或网络上广泛收集一些中外传奇和现代动漫故事，作为我们"小飞罗"哲学课程的资源，看成语讲故事、读寓言学哲学、看动漫想哲学、听传奇悟哲学等等。

四、对儿童创新思维的理解

在实施"钱学森班"课程建构的基础上，我们出版了《儿童创新思维求索论》一书，比较系统地论述儿童创新思维过程，也就是像上面所列举的，儿童创新思维课程从一年级"金童话"想象课程，到二年级"小问号"科学课程，再到三年级"1+1"数学思维课程，又到四年级"金苹果"灵感课程，再到五年级"小飞罗"哲学课程，是根据儿童的年龄特征、思维特征，从形象思维的训练向抽象思维的过渡，再到辩证思维的训练，体现了儿童思维循序渐进的过程，思维层次性递升。

通过这些训练，从学生角度讲，他们本身变化就非常明显，由不爱动脑到肯动脑，练就了活跃的思维，加上老师们下工夫引导，得到了很好的效果。全国有一个名师与现代经典项目课程，名师上课，各个省都有，这是一个机构，都是全国顶级的名师上课，比如在南京，我们附近的一个地方上课，基本上都是用当地的学生。我们学校的学生去了之后，很出彩。其他学校学生去了，就不如我们。杭州一个著名的特级教师叫王崧舟[①]，让我们学生去上课，在全区上了一节课，学生们表现很好，很能说，写的也很好。同样一节课在别的学校上，然后再到我们学校上，差距很明显。王崧舟老师感叹地说："李校长，你们学校学生的思维真是太好、太活跃了！"为什么呢？首先因为我们自己爱思考，第二个也从中反映出我们的一种价值取向，注重学生，不是以分数来评价学生，而是看谁灵动，看谁表达的清晰，看谁能把老师的话给听懂了，

---

① 王崧舟，浙江上虞人。中学特级教师，杭州师范大学教育学院教授。浙江省小语会副会长、杭州市小语会会长。全国"五一劳动奖章"获得者、浙江省十大育人先锋。

看谁能把简单问题的要领说全，看谁能明白老师在想什么，这样在课堂上我们学生的思维就很好。从我们学校走出去的学生，目前有四位学生在常春藤大学，有的在哈佛，有的在麻省，其他在剑桥、牛津的都有。这些学生在小学时就很优秀。我们的学生出去以后，对学校都很怀念。最近我们招聘一位老师，这位老师考了鼓楼区第一名，他没有选择比我们更好的学校，就要回三牌楼，因为他曾经是三牌楼小学的学生。说明这个人是有情怀的，有温度的，同时也说明学校的教育是成功的，培养的孩子心里面是有温度的，而不是有仇恨的。所以我们这个"有温度，会思考"有几种解释，正过来，有温度的思考，就是道德给思维把握方向，积极的情绪情感伴随思维，思维要有挑战性。反过来，会思考便有温度，对这件事情有一个正确的认知，就会产生一定的情感，所以，我们学校这种文化衍生出老师这么一个风格。老师这边比较厚道，加上校长提倡这么一种文化，这两种文化在一起就形成了学校的文化。如果换一个校长，他心肠比较硬，可能就不会认可这种文化，这种文化就得不到张扬。

对于儿童创新思维我们是有自己的理解的。第一个就是儿童的创新思维表现为好奇、喜欢发现、喜欢提问。成人不要指望他们有什么大的发明创造，因为毕竟是孩子。第二个就是我们一定要让孩子在书本和生活之间搭建一个桥梁，学习一些有用的东西，把知识学活，活学活用。第三个就是我们现在还有很多项目，有一些时髦的东西，有的过于追求高大上，脱离孩子的生活。比如我在徐州看到一个孩子做的一个项目，制作带有传感器的盲人拐杖，孩子也做出来了，这明显是成人制作，是成人的一种思维。因为发明创造都应该以知识作为基础，知识是能力的基础，能力是我们创新的基础。

我们孩子的一些小发明、小创造一定要接地气，如果是高大上的，它应该只是方案、设想，怎么去连接、这个思维的架构是什么？比如学生做一个小板凳，做这个小板凳是他在生活中见到的小板凳，任由他去做，做他那个想象中的小板凳，做完了他就观察，跟生活中的板凳有什么不一样的地方，通过比较、修改，再去制作，直到跟我们看到过的，成人做的小板凳非常相似，就懂得了这种平衡、力学、美观等等，是孩子动手操作的。让孩子做一个手杆秤，这种操作方式也比较单一，孩子在这个过程中，通过比较、摸索，发现可以运用这个杠杆原理，这些实例都是很鲜活的。孩子想造一座拱桥，怎么造？造一座桥需要很多知识，如果孩子说我有一个很巧妙的方法能很快，就是把一个轮胎切成一半，然后将它固定在地面上，在这上面垒砖头，把它垒平，然后把轮胎撤掉，就成了一座拱桥。这个孩子表现了一种创新思维，而且这种思维是高级的、是很巧妙的。孩子动手操作，自己能够完成。

我们还要强调孩子进行学习对话，就是自己跟自己的一种对话，跟同学之间的对话，跟老师之间的对话，这种对话就是倾听，就是去记忆、去理解、去批判，不一定发出声音，可能就是心里面思考。这样培养的孩子，他才能真正走向深入学习，而不是肤浅的、机械的、碎片化的、蜻蜓点水式的学。对一个问题总以自己的视角去看待，不能把握要领，不能全面的看问题，这样就不能开发与吸收别人的优点。我们一直在思考，主张孩子在课堂上要做一只狼，内心思维是活跃的。他能紧紧地聚焦老师的问题，进行思考，伺机而动、精准打击。我们也主张孩子要做一只羊，能够去听听别人的经验，这种学习，可能就是一种记忆。但是，孩子还是学到东西了。比如就中美贸易摩擦，如果问孩子你怎么看？一个孩子说就要打，另一个孩子说要打的话，会伤害两国的利益，这是一个很理智的想法。还有孩子说我们要给美国人一点颜色，但是要注意分寸，最重要的是发展自己的核心竞争力，这就是一个更高超的回答。我们并不一定非要强调回答问题，而是想要强调内心的对话、倾听。儿童创新思维就是孩子要好奇、要发现、要多问，但是多问一定要问有价值的问题，必须要对这个问题有一定的了解，在了解的基础上有一定的思考，才能提出有价值的问题，提问是有学问的，所以最后归结到底还是场景学习。

钱学森讲的形象思维、抽象思维、创造性思维加上灵感思维，就是形象和抽象结合，互相促进，不是说由形象走向抽象就高级了，到了抽象的同时，同样需要形象，很多发明创造都是从形象中受到的启发，这个形象是什么呢？就是场景，就是生活。

五、做求解"钱学森之问"的探路者

人的思维也是一种趋向。我们这里面学到的是什么呢？就是一个词"契合"。学生的思维要契合到哪一点？我们要用什么样的方式进行契合，一定要对症下药，一定要实事求是，一定要精准打击，一定要富有成效，一定要去坚持。就像我们已经出版的几本书都很聚焦，聚焦课堂思维高峰，聚焦儿童思维发展研究，点燃儿童思维。

我们学校的发展过程，其实就是学校智慧管理的过程。领导把握方向很重要，抉择很重要。我们学校现在看上去高大上，其实，去年学校还在改造，如果两年前你到我们学校来看，可能感觉就是城市里面的一个农村学校，这些年，我们发展的一个策略就是先软件、后硬件，因为每个人的时间、精力是有限的，因此我们要在宝贵的时间内先做最重要的事情，抢占思维教育这个制高点。其他学校硬件上来了，软件下来了，我们软件上来了，硬件也一步一步跟进，也上来了。比如我们现在这个教室，在南京都没有第二个，你面前的那台电脑，大家可以边看边操作边讨论，体现了我们根据需求安装的一个互动设施。

生态链结构模式是指每一个阶段对自己的工作做一个反思，自我革命，自我否定，然后提出一个新命题、一个新视角、一个新研究方向，就是"革自己的命"。这样才会有进步。不能看自己的东西总是自圆其说，不然，看问题的视角、思维等总是固化的、保守的，那肯定不行。

所以，我们学校形成一种反思，体现的都是对自己的不满，做到这一点其实很难。关键是我们不停地做反思，所以，我们现在理解快乐教育是什么，其实就是要关注，你变得优秀，这就容易成功，成功了以后就感到快乐，就会主动追求卓越，这是一个生态。

我们在鼓楼区，南京主城区，中心地带，南京市最好的教育资源在鼓楼，过去鼓楼区有 27 所大专院校。近年来成立五大教育集团，我们也都属于教育集团。2013 年下关区和老鼓楼区合并了，成立了一个新鼓楼区。现在我们还成立了一个以我的名字命名的江苏省名师工作室，这样做也是想把我们的成果进行推广，推广的过程中也是对自己的提升，同时我们也想组建一个学校联盟，就是要聚焦儿童思维发展，把志同道合的学校纳入，建立网上一个平台，在线上开展一些互动活动。这是我们的一个想法，我们在做的过程中，可能走到这一步，才能想到下一步。好多东西可能就是要在长期实践过程中去体验，体验才能认识，才能不断地发生变化，才能不断地拓展思想的边界，这是我们的一种共识。让我们讲后期该怎么做，我们自己也不一定清楚，那得一步一步地去做，还需要在场景中不断去研究。

"思维科学"博大精深，直指学习的核心在小学阶段的教育意义十分重大，前景开阔。我们的求索过程，遇到不少困难和挫折，也没少走弯路。但我们相信，只要目标正确，付出的努力就有价值，我们愿意继续做求解"钱学森之问"的探路者。

下 编

相似论研究

钱学森思维科学思想回顾与建设

钱学森率先提出并倡导创建了思维科学，创建之后的 30 年，他还陆续通过学术论文和研究通信为思维科学研究和理论体系的创立提出许多开拓性的见解，并以科学家的战略眼光组织科研人员合作攻关，为思维科学研究作出了重大贡献。

一、思维科学产生的背景及其早期发展

20 世纪 70 年代末 80 年代初，我国著名科学家钱学森以敏锐的眼光看到研究思维对于人类生活的重要意义，由此提出建立思维科学的构想，并全面探讨了思维科学的地位、具体构筑、体系及其使命问题。在钱老的倡导和关怀下，全国掀起了一场关于思维科学的大讨论，此次大讨论以钱学森亲自发起并主持召开的"全国首次思维科学学术讨论会"（京西宾馆，1984 年 8 月）为标志。

在全国首次思维科学学术讨论会上，钱学森所作的《开展思维科学的研究》长篇学术报告不仅阐明了"能不能"和"有没有必要"建立思维科学的基础性问题，而且对思维科学研究提出了进一步的设想——关于建立社会思维学的问题。对于思维科学研究，钱学森指出我们应该有紧迫感，而这个紧迫感正是思维科学产生的社会和时代背景，即国外认知科学产生的大力推动、新技术革命来临的必然要求、当代先进生产力

发展的内在要求。

（一）思维科学产生的时代背景

国外认知科学的快速发展刺激了中国思维科学的迅速出现；现代科学技术迅猛发展所提出的实际要求，特别是电子计算机引起的新技术革命必然推动思维科学出现；当代先进生产力的发展成为思维科学势必出现的内在要求，这三方面即是思维科学产生的客观根据；而主观根据则是钱学森所具有的广博的现代科学技术知识、参与领导我国"两弹一星"的丰富实践经验、科学和艺术并蓄的深厚底蕴以及他对祖国的深厚感情。在这样的主客观背景下，思维科学成为他所倡导、创建的具有中国特色的新兴现代科学技术之一。他为思维科学构建了比较完整的理论体系，从战略上确定了要走智能机、人工智能的研究道路，并提炼出从定性到定量综合集成法、从定性到定量综合继承研讨厅、大成智慧工程、大成智慧学等极具前瞻意识的科学思想，成为思维科学理论中具有中国特色的重要内容，具有重大的理论与实践意义。

1. 国外认知科学发展的大力推动

自 20 世纪 50 年代以来，国外认知科学得到极大发展，随之在世界范围内引起了一场新兴的技术革命。国外很多享有盛誉的学术机构组建了各自的认知科学研究队伍，仅在欧洲和北美就有 60 多所大学（如哈佛、剑桥、斯坦福、麻省理工）建立了专门的认知科学项目，其他很多院校也纷纷开设了与认知科学相关的课程。1979 年美国成立了认知科学学会，表明认知科学作为一门新兴科学可以向世人展示强大的生命力。认知科学的产生与发展刺激了中国思维科学的迅速出现和发展，也为思维科学的建立、发展提供了很多宝贵的经验教训。

认知科学的一个主要功能是能够模拟、代替人的部分思维功能。逻辑学两千多年的发展所总结出的抽象思维的经验教训和规律为计算机模拟人的思维提供了极大可能。那些能够进行形式化的思维活动都可以由计算机来模拟。但是，面对认知科学的快速发展，我国著名科学家钱学森对此有着清醒的认识和判断。他认为认知科学的路线与方法有着严重的缺陷，主要有两方面：其一，有些人工智能学者，把人的精神看作是"肉体的电脑"，把思维等同于算法，甚至认为算法、程序足够复杂精细，人的各种感觉就会自然地涌现出来。其二，现有计算机结构与功能自身的局限，导致认知科学缺乏对高级抽象思维——辩证思维、形象思维、创造性思维的研究，并且找不到其规律。

面对认知科学的种种问题，钱学森对此做了深刻反思。1979 年 4 月 23—24 日钱学森在中央党校所作的"现代科学技术的发展"报告中，明确提出要把逻辑学扩大为思维学。"这在外国已经逐步引起重视，他们是从机器人、人工智能这个方面考虑的。搞人工智能、机器人，就要搞一个人工智能、机器人的理论。这个理论，他们叫认知科学，我们用'思维学'可能确切一点，就是包括逻辑思维，也包括其他的各种思维过程，形象思维等等，研究它们的规律。"这些论断奠定了思维科学的理论框架、研究方向与基本道路。在后来的一系列讲话与书信中，钱老又进一步完善和充实了这个思想，并逐步形成体系。根据这一系列的认识，钱学森提出了思维科学（Noetic Science）这个概念，目的是与"认知科学"（Cognitive Science）相区别。

2. 新技术革命来临的必然要求

20 世纪 80 年代正是思维科学萌生之初，此时我们正处在一个由全世界所掀起的新技术革命的挑战之中，这场革命对我们的一切落后方面提出异议。"这场革命的特点是智力革命、知识革命和信息革命，其性质就是发挥智力、创造知识。但是智力的发挥和知识的创造都离不开思维，因此，我们的思维也需要有高度的理论指导，思维科学的建立将对研究思维的规律、应用思维的规律和普及思维的规律都起到十分巨大的推动作用。"①

　　由此，信息、知识与智力在社会生活与生产中的地位迅速上升，其重要性也提高到了一个前所未有的高度，这些变化意味着人力资源，特别是人脑资源在社会体系中的重要性上升到第一位。因此，一个国家的繁荣和进步不再取决于其所拥有的资源和资本量，而是一个国家所拥有的创造知识和利用知识的能力，这成为决定国家发展的新的根本因素，生产资料中起决定作用的将变成信息、知识和智力。因此，思维科学不仅孕育着一场新的科学革命，也是一场技术革命——研究思维科学会推动智能机的发展，把人的知识、智力提高到前所未有的高度。对此，钱学森有着他独特的认识，他将人类面临的新技术革命称之为"第五次产业革命"。这次产业革命的特点是："信息、知识、智力的重要性提到一个前所未有的高度，那当然与思维科学有密切关系。"②

　　在新技术革命的浪潮中，劳动力结构、产业结构和当代竞争等都发生了巨大的变化。劳动力结构由体力劳动高占比转向脑力劳动高占比；产业结构由以第一、二产业为重心转向以第三产业为重心；当代竞争，产品蕴含的知识量成为竞争的基础、决胜的关键。以上几方面的变化都意味着人的思维在经济活动与社会生活中的重要性大幅度增加，思维作为社会生产力的构成要素在全部生产力构成要素中所占比重在现代社会日益增加。

　　3. 当代先进生产力发展的内在要求

　　由新技术革命所带来的变化为生产力三要素注入了新的时代内容，这些新内容正是当代先进生产力发展的内在要求。马克思的生产力三要素——劳动力、劳动资料和劳动对象在新技术革命的带动下有了时代性的新内容。一是劳动力的高素质化。在信息社会、知识经济时代，人的

① 高士其：《科学的发展史就是一部思维的发展史》，载钱学森主编：《关于思维科学》，上海人民出版社1986年版，第3页。

② 钱学森主编：《关于思维科学》，上海人民出版社1986年版，第126页。

思维能力和思维品质成为衡量劳动力高低的重要因素，特别是创新思维能力成为劳动力的核心构成要素。二是劳动资料的高科技化。在现代社会，模拟人脑思维的电脑已经成为生产活动中特别是在高科技产品生产领域不可或缺的劳动工具，成为极其重要的一种劳动资料，谁掌握先进的电脑技术，谁就有可能在激烈的科技竞争中获胜。三是劳动对象的复杂化。在知识经济时代，作为思维要素的思维信息（进入人脑中枢和其他信息处理系统的各类信息）日益成为一种特别重要的劳动对象，被处理的信息成为财富之源。

换言之，在信息社会，发展先进生产力必然意味着发展人的思维。高水平的思维能力、日益发展的电脑思维、被处理的思维信息成为当代先进生产力的最重要的构成要素。在这种时代的召唤下，思维科学理所应当地成为第一生产力中至关重要的组成部分。

（二）思维科学创建早期的几个核心问题

思维科学发展近 40 年，各个领域的专家、学者对思维科学进行探索与不懈研究。其间不仅在全国形成一股思维科学学习、研究的热潮，而且也引起国家的高度重视，并对许多思维科学领域的工程技术项目给予大力支持。但是，认识上的分歧与混乱成为思维科学发展的主要问题。当然，钱学森提出思维科学以后有不同的理解是正常的，这些不同的看法也是促进思维科学发展的重要因素，但这些不同理解如果影响思维科学正常发展，就有必要正本清源。即弄清楚钱学森所倡导的思维科学的理论体系、研究道路以及是否应该沿着这样的思路发展。如果承认思维科学理论体系、研究道路是正确的，也就有了分析、判断的标准与根据，以此来统一不同的理解，把思维科学引上正确的研究道路。这是当前思维科学发展所面临的重要任务。

1.能不能和有没有必要建立思维科学的问题

如前所述，20 世纪 80 年代由于受国外认知科学、新技术革命以及当代先进生产力的大力推动，钱学森开始认真思考关于建立思维科学这一重要战略问题。1980 年，钱老在《哲学研究》上发表了两篇涉及思维科学的文章，该文本意是探讨在现代科学技术的体系结构中有无思维科学这样一个平行于自然科学技术、社会科学等大部门的科学技术部门。之后钱老多次与中国科学院学部委员、计算机技术研究所胡世华研究员、上海华东师范大学心理学系胡寄南教授以及许多相关同志讨论这个问题，这些使钱老对思维科学的认识又有所发展、调整，于是就有了《关于思维科学》这篇文章。正是在这篇文章里，钱老开宗明义地提出"能不能和有没有必要建立思维科学技术大部门"[①]这个问题。

钱老所说的"能不能建立思维科学的问题"，实际上就是问人的思维有没有规律。以马克思主义历史唯物主义观点来看，思维作为一种客观现象当然是有其规律的，因为思维也是一种客观现象，是物质运动，而一切客观的东西和物质运动都有规律，思维当然也不例外。对此，我们可以从以下两方面理解：其一，从思维是人的中枢神经系统，特别是大脑受外界各种刺激而引起思维活动这一点看，外界各种刺激又是客观世界变化和运动的产物，这些变化和运动是遵循客观世界规律的，即自然界的规律和社会的规律，所以外界各种刺激也是有各自规律的，而不是无缘无故、无章可循的。这样，人的中枢神经系统、大脑的活动也就当然要有规律，人的思维要有规律。其二，外界刺激有规律，就能确定人的思维必然有规律吗？人脑是亿万年生物进化的结构，遗传是起作用的，从根本上说人脑的结构是相同的。人脑受相似的生活经验或相似的社会实践所引起的适应、发展和调整也是相似的，这就从人脑微观的结构方面，保证了人的思维的规律性。综上所述，思维是有规律的，这一论断其实早就是辩证唯物主义的结论之一，研究这部分客观规律的学问

[①]　钱学森主编：《关于思维科学》，上海人民出版社 1986 年版，第 13 页。

就是思维科学，思维科学是可以成立的。

而"有没有必要建立思维科学的问题"，其实就是问有没有必要建立思维科学这个科学技术大部门的问题。现代科学技术已经形成学科林立、分工越来越细的状况。学科之间相互关系密切，形成一个整体，是整体就不能不研究整体中的结构，学科之间的联系和相互关系，是整体就是一个系统，而系统一定有清晰的层次和部门性的分系统。所以，钱学森明确提出："我们研究现代科学技术的体系结构就要注意找出其中横向的和纵向的部门分系统，我所建议的纵向分法就是将现代科学技术体系分为自然科学、社会科学、数学科学、系统科学、人体科学和思维科学六大部门。"总的来说，以上就是现代科学技术的体系结构，其中思维科学是作为一个部门和其他部门并列的，它也说明思维科学内部层次的划分，以及与马克思主义哲学的关系。思维科学作为一个部门这样建立起来，就可以明确上下左右的联系，有利于思维科学内部各学科相互借鉴，促进其发展，这就是建立思维科学这样一个现代科学技术部门的必要性。

综上所述，钱学森提出的能不能和有没有必要建立思维科学的问题实现了两大突破：其一，钱学森所提出的现代科学技术体系是由包括思维科学在内的六大科学大部门组成的，这一思想突破了科学只有两大部门（自然科学和社会科学）的传统观点，这是钱学森思维科学思想中的一个重要基本观点；其二，钱学森所提出的可以建立一个专门研究思维的科学——思维科学，这一观点突破了思维只能被哲学和心理学研究的传统观点，为思维向纵深研究开拓了更广阔的领域。

2. 关于思维科学的地位和体系问题

关于思维科学的地位，钱学森最早明确主张把思维科学当作一门多学科的综合科学、系统科学，这一主张初见于 1980 年第 4 期《哲学研究》，之后见于 1981 年第 1 期《自然杂志》。钱学森说："现代科学技术的实践，正预示着更大的变革：思维科学的出现。""思维科学是一大类科学。"①"在自然科学、数学科学和社会科学这三大部门之外，现在似乎应该考虑三个新的、正在形成的大部门：系统科学、思维科学和人体科学。"②钱学森也曾说："现在思维科学尚在幼年时代"③，后来又说，思维科学还"处于目前的草创时期"④。这就是说，思维科学并不是过去已有的一门科学，而是正在创立初期的一门新的科学。

钱学森关于思维科学体系的设想，大致可概括为：其一，思维科学体系作为一门多学科的综合科学，其对象"应该是专门研究人的有意识的思维，即人能自己加以控制的思维"——逻辑思维、形象思维和灵感。其二，构成思维科学体系的学科包括逻辑学、形象思维学、灵感学、语言学、文字学、密码学、人工智能、计算机软件技术、图像识别技术以及美学，哲学不属于思维科学，认识论只是哲学和思维科学之间的桥梁。他原先主张纳入思维科学体系的认知科学、神经生理学（神经解剖学）、心理学、科学方法论、算法论以及和"思维科学有密切关系的还有数学、控制论和信息论"，后来则从这个体系中排除了。其三，他类比科学技术体系——"基础科学—技术科学—应用科学"，设想了一个思维科学体系。

钱学森作为思维科学体系的开创者，其设想和见解是可贵的。尤其是在70岁高龄以后从这个学科体系出发，亲自部署指挥组建我国系统科学、人体科学、思维科学等学术队伍，为我国现代化建设作出了伟大的贡献。

3. 思维科学的具体构筑

钱学森认为思维科学的具体构筑可以分为三大部分：基础科学（思维学）、技术科学和工程技术（应用科学）。第一，思维科学的基础科学

①　钱学森：《自然辩证法、思维科学和人的潜力》，《哲学研究》1980年第4期。

②　钱学森：《系统科学、思维科学与人体科学》，《自然杂志》1981年第1期。

③　钱学森等：《论系统工程》，湖南科学技术出版社1982年版，第232页。

④　钱学森主编：《关于思维科学》，上海人民出版社1986年版，第449页。

是研究人有意识思维的规律的科学，可称之为思维学。思维学可细分为抽象（逻辑）思维、形象（直感）思维和灵感（顿悟）思维三个部分。他继而认为思维学作为思维科学的基础科学，上升到一切人类知识最高科学概括的马克思主义哲学要通过一座桥梁，即认识论。后来，钱学森又提出另一门思维科学的基础科学：社会思维学。他认为社会思维学是一门新的学科，即研究人作为一个集体来思维的规律，它与集体的相互关系、相互影响，因此它是一个系统学的问题。

第二，技术科学，这一层面的思维科学包括情报学和科学方法论。现在情报、资料、档案是一个巨大的事业，已经成为人们认识客观世界的锋利工具，是人们感觉器官的外延，就如机器是人手的外延一样。情报事业的基础恰恰是情报学。而科学方法论是现代科学技术研究的一个大课题。对此，我们应明确科学技术工作绝不能局限于抽象思维的归纳推理法（科学方法），而必须兼用形象或直感思维，甚至要借助于灵感或顿悟思维。爱因斯坦就倡导过这个观点。

第三，工程技术方面，作为应用科学的思维科学——直接改造世界的学问。在这个层面有人工智能、计算机软件工程、密码技术、情报资料库技术、文字学和计算机模拟技术，以及其他。这里需要强调的是情报资料库的建立、更新充实、高速而准确的检索、提取、复制，已经成为一门极其重要的工程技术，没有它将无法利用今天极为丰富的情报、书刊等资料，将来更是如此。人脑是一架具有大约10^{15}个开关的巨型数字计算机。要弄清楚大脑计算机的机系结构，光靠脑神经解剖学是不够的，所以要开辟第二条途径，要用计算机来模拟人脑的部分功能，也就是试着改变电子计算机的操作运行程序，直至电子计算机也能出现如同大脑的功能，尽管还是局部的功能。大脑的部分功能结构如同电子计算机的程序结构，尽管还不能在两者之间画上等号，这对理解思维是个重要的启发。许多人工智能的专家在用这个方法，美国的明斯基就尝试用这个方法来寻找音乐家写作复音音乐的思维过程。所以，计算机模拟技术是研究思维科学的一个有效工具。

4. 思维科学的使命

对于发展思维科学有何意义的问题，钱学森早在 1980 年在《哲学研究》第 4 期上发表的《自然辩证法、思维科学和人的潜力》一文中就谈到了发展思维科学的两个效果：一是可以指导或促进人工智能的研究，造出更聪明的计算机；二是充分发挥人脑的能力。钱学森对于思维科学理论研究的作用，充分肯定了思维科学对于发展教育和创造性人才培养的指导作用。钱学森不仅看到思维科学对计算机和人工智能的重要意义，而且很重视思维科学对于教育事业、创造性人才培养的作用。发展思维科学的两个效果恰恰是思维科学的使命所在。而"大成智慧工程"正是在信息时代关于创造性人才培养的战略思考。

二、思维科学理论体系及其发展

钱学森在创建思维科学的过程中，把逻辑思维、形象思维、灵感思维、社会思维、创造性思维等都纳入思维科学的基础科学——思维学之中，这在人类认识史上是一项具有特殊重要意义的理论贡献。1984 年，钱学森亲自发起召集、主持了全国首次思维科学学术讨论会，并作了题为《开展思维科学研究》的长篇学术报告，进一步发展了他所提出的思维科学理论。在这篇报告中首次提出建立社会思维学问题，认为社会思维学也是一门思维科学的基础科学。进入 20 世纪 90 年代后，钱学森对于思维科学基础科学的观点有所调整，认为思维科学的基础科学是逻辑思维学、形象思维学和创造思维学。

（一）基础理论探索期

1979 年末，钱学森第一次提出建立思维科学并勾勒出其大致框架。

他说："研究科学技术的发展，也自然会提出自然科学体系的结构问题。在自然科学、数学科学和社会科学这三大部门之外，现在似乎应该考虑三个新的、正在形成的大部门：系统科学、思维科学和人体科学。关于这三个部门，我在以前的几篇曾讲了一些初步看法，也得到了同志们对这些看法的意见。"① 之后，在 1981 年至 1984 年间，钱学森又陆续发表了关于思维科学问题的 7 篇文章。在这些文章中，钱学森提出：思维科学的具体构成问题；即思维科学是由基础科学、技术科学、工程技术三个层次组成；而思维科学又是由逻辑思维学、形象思维学和灵感思维学构成的。

1981 年出版的《潜科学》杂志第 3 期，在篇首位置发表了田运的《新的科学思想形成的逻辑依据》一文，提出思维的一个极其重要的规律是反映同一律。钱学森在 1984 年 7 月 9 日给田运的信中说，读了论述反映同一律的文章后，"得益甚多，更加明确了思维是为了从实践中认识客观世界，而思维方法也是人从实践中学来的"。也是在《潜科学》杂志 1981 年第 3 期上，发表了张光鉴《试谈相似学》一文，"相似学"后来被张光鉴改称"相似论"，此文发表后，当即引起钱学森的重视，给予肯定并认为应该纳入思维科学，钱学森在 1984 年 8 月说："是张光鉴同志，对形象思维做了些有意义的探索，他归纳了大量的人的创造过程，提出'相似'的观点。当然，'相似'和'不相似'是辩证统一的，'相似'中有'不相似'，'不相似'中又有'相似'。'相似'的观点，或'相似论'对说明形象思维在科学技术、工程技术中的重要性，很有价值。然而要进一步深入下去，建立科学的理论，建立形象（直感）思维学就困难了。"② 关于思维观的探讨，思维是什么以及思维是怎

---

① 钱学森等：《论系统工程》，湖南科学技术出版社 1982 年版。文中所说的"以前的几篇"，钱学森注明是他在 1980 年 7 月于《哲学研究》第 4 期、1979 年 11 月 10 日《光明日报》和陈恂在 1980 年 7 月 18 日《北京科技报》发表的文章。

② 钱学森主编：《关于思维科学》，上海人民出版社 1986 年版，第 21 页。

样的，是"反映"还是"逻辑"等等，张光鉴的"相似论"现象都有涉及和讨论，这些都是对已有思维理论的突破。钱学森在1984年8月的全国首次思维科学学术讨论会上谈到了这个问题："张光鉴同志有个理论，叫相似论。他说是探讨相似在科学技术思维发展过程中的作用和规律，大家可以进一步研究，形象思维中相似是个因素。"[①] 钱学森也谈到他在1957年的文章中只提了个问题，对于形象思维的来龙去脉并不清楚，但张光鉴相似论的提出引发了钱学森的极大兴趣。20世纪70年代后期，我国文艺界重新重视形象思维研究，并于1980年由人民出版社出版了《形象思维资料汇编》，这些研究对形象思维的纵深发展起了很大的推动作用。

1982年出版了张守刚、刘海波撰写的《人工智能的认识论问题》，从机器进化的历史阐述了智能机器产生的必然性。该书被誉为中国第一部比较系统讨论机器思维问题的著作。1984年以前，戴汝为的《模式识别与形象思维学》，黄浩森、杨春鼎的《论语言描述的显象结构特点及分类》，张锡令的《思维科学与人工智能》，刘奎林的《灵感发生论新探》，刘觐龙的《关于思维的神经基础》，胡寄南的《人的意识和意识的产物》，马希文的《计算机与思维科学》，朱长超的《试论用比较法研究意识起源的过程》，王南的《论形象思维的普遍性》，陈霖的《拓扑性质检测——计算机理论的一朵可能的乌云》等诸多成果都受到钱学森的重视和充分肯定。以上专家关于思维科学的探讨文章都被编入钱学森主编的《关于思维科学》一书中。

（二）跨学科应用成长期

钱学森在提出思维科学基础科学框架的同时，也提出了思维科学应用科学框架。他认为，思维科学应用科学又可以分为技术科学与工程技

---

① 钱学森主编：《关于思维科学》，上海人民出版社1986年版，第135页。

术两个层次，属于技术科学层次的有知识系统学、模式识别、结构语言学、数理语言学、情报学、科学方法论。在 1984 年钱学森还曾把信息学划入这个层次，属于工程技术层次的有智能机、人工智能、计算机软件技术、密码技术等。到 20 世纪 90 年代，钱学森提出对社会复杂巨系统中的决策思维进行研究，这也被人们认为是一项重要的思维科学工程技术。

根据钱学森提出的思维科学应用框架，在人工智能方面，戴汝为主持了"思维与智能模拟""基于人工神经网络的综合集成"等项目的研究；李德华、冯嘉礼主持进行了其他人工智能项目的研究；马华孝等人主持了多项密码技术项目研究。其他思维科学研究者开拓了许多思维科学应用研究领域，其中影响最大的、范围最广的首推思维训练、实验成果获得省部级奖（或相当的）的已知有韩宏宇主持的"思维规律与思维训练"项目，田运主持的"大学生思维训练"项目，温寒江主持的"形象思维训练"项目，庄寿强设计的"创造性思维训练"项目，赵诚主持的"军事工程高等教育思维研究"项目。在实验的基础上写出的重要的思维训练论著有多部。如田运的《关于思维训练》、韩宏宇的《学科思维训练研究》、朱长超的《思维训练的依据和方法》。

由此可见，从 20 世纪 80 年代后期开始，钱学森对思维科学的关注重点同以往有了很大不同，以往谈论较多的是思维科学的基础科学方面，以后关注的重点是思维科学的技术科学与工程技术方面。主要原因在于他本人的注意力放在了提炼、创建开放的复杂巨系统理论、从定性到定量综合集成法、从定性到定量综合集成研讨厅体系、大成智慧工程与大成智慧学方面，这是他晚年科学技术上原始创新的主要成就，也是他思维科学理论体系中的主要内容。他提出的从定性到定量综合集成法、从定性到定量综合集成研讨厅体系、大成智慧工程，一方面是在他的同道、学生实践基础上提炼出来的，也是与他的这些学生、同道一起讨论中形成的，至于把这些思想变成现实，更是靠这些学生和同道。1995 年 5 月 8 日，王寿云、汪成为向他报告建立研讨厅的情况，他非常高兴。他在回信中说："我要向您二位祝贺已取得的成绩：已有了个能运转的研讨厅体系了。"兴奋之情，溢于言表。1992—1996 年在国家"863 计划"智能计算机主题的支持下，由于景元主持、戴汝为参与完成了"综合集成的宏观经济智能决策支持系统"，是研讨厅的第一次重要实践。"支持宏观经济决策的人机结合综合集成体系研究"，是 1999—2003 年国家自然科学基金支持的国家重大基金项目，由戴汝为主持完成，是研讨厅的第二次重大实践。现在，研讨厅已经被各种工程、科研、管理等很多领域所采用。

在思维科学理论体系中，研讨厅具有非常重要的意义，不仅使思维科学的理论与工程技术得到广泛应用，而且是社会思维的具体实现形式。

（三）新切入点发生期

近几年，思维科学的发展研究呈现出两大特点：一是根据钱学森提出的框架，研究者结合自己的教育背景找到自己研究的切入点，以此为基调深入探索，如逻辑思维、形象思维、顿悟思维、创造思维、社会思维、机器思维（人工智能）、特异思维和密码技术等方面的研究。二是不少研究者经过独立思考提出了研究思维科学的新切入点，也有不少成果。如思维发展史、思维发生学、思维本质三命题、思维科学的四个主要应用领域、思维科学的教学工具、各种职业思维、模糊思维和动物思维等方面都是一些新的切入点。

综上所述，钱学森思维科学理论体系的宏观构想及其发展在人类认识史上，是一项具有创新意义的理论概括，但也不可否认，这个宏观构想有待于在实践和认识过程中进一步丰富和深化。

三、思维科学应用体系及其发展

自钱学森提出思维科学以来，思维科学研究从一般性思维技巧的简单研究迈向人的整体性思维风格的复杂研究，这是思维科学研究的质的飞跃，它预示着思维科学研究已经从单学科走向多学科、从个别的能力素质的开发研究深入到对人的素质发展的全面关注。在代换思维、创造思维、教育思维、思维训练、思维教学、社会思维、军事思维等应用理论领域，苏富忠、朱长超、孟凯韬、庄寿强、徐章英、丁润生、韩宏宇、曾杰等学者作出很突出的贡献；在机器人思维和人工智能等高科技领域，戴汝为、潘云鹤、李德华、郭俊义、冯嘉礼等学者取得了重要的成果。钱老还提出了对于教育改革、人才培养与思维训练、文化与精神文明建设、科学决策、社会管理及社会生活的方方面面产生了深远影响。纵观思维科学与其他学科的相互融合发展，或者说是思维科学应用方面的研究，主要有以下三个方面：人工智能、脑神经科学和教育领域。

（一）人工智能

德国古典哲学家莱布尼茨最早提出用机器代替人的部分劳动的思想，但是只有在新技术革命来临尤其是数字计算机问世之后，人们才更具体而深刻地认识到计算机和人脑在符号（信息）处理上存在的相似，而正是这种相似性奠定了人工智能赖以形成、发展的实质基础。在思维科学研究上，人脑思维研究和机器思维研究并重且互促。在思维科学应用上"人机结合，以人为主"。人工智能研究是破解思维奥秘的一个重要途径，但不是唯一途径。

在我国，最早提出思维科学与人工智能关系的是钱学森，见诸他的两篇学术报告——《关于"第五代计算机"的问题》和《开展思维科学的研究》，这两篇报告明确阐释了思维科学与人工智能的相互关系，也为人工智能的研究指明了方向。钱学森认为人脑思维与机器思维（人工智能）并重，并且二者是思维科学研究的主要内容。

一方面，人脑思维研究比人工智能研究更重要。"有吴文俊的工作，所以逻辑思维的任务看起来可以交给机器去干。而对形象思维的计算机化才开始，现在主要靠人。至于创造思维，现在也只能靠人了。"而"创造思维才是智慧的源泉"①。"计算机可以因为思维科学的发展而造得越来越灵，能代替人的更多脑力劳动，但计算机总是人造的，它总赶不上制造它的人。"②"一切逻辑思维的东西都可以赶上计算机，都可以用电子计算机代替人的劳动。现在电子计算机的作用就是如此。也就是说，他可以代替人的抽象思维，但不能创新科学技术。许多同志就图灵机讲的神乎其神，实际上，图灵机是代替不了人的，因为图灵机能够做的就是抽象思维、逻辑思维这一套。人的思维比这个范围大多了，我们搞思维科学的必须明确这一点。"③"从辩证唯物主义来看，人胜于计算机，这也将是思维科学的一个结论。"④

另一方面，人工智能研究比人脑思维研究更重要。钱学森在论述如何破解形象思维和灵感思维的奥秘时说："现在可以说，这个方面的研究有个门了。就是通过智能机，特别是专家系统，因为无论是图像信息处理系统，还是知识信息处理系统，实际上都是像专家系统这样的东西，就是把经验、知识利用起来嘛，而专家系统的概念过去在人工智能系统里已经用了，并逐步在发展。我们国家现在很多同志在做这个工作，比如中医看病，已经进入计算机，实际上就是一个专家系统。所以专家系统并不难。现在的问题是怎样进一步提高，把不同的专家、不同

---

① 赵光武主编：《思维科学研究》，中国人民大学出版社 1999 年版，第Ⅵ页。

② 钱学森等：《论系统工程》，湖南科学技术出版社 1982 年版，第 231 页。

③ 钱学森主编：《关于思维科学》，上海人民出版社 1986 年版，第 134 页。

④ 钱学森等：《论系统工程》，湖南科学技术出版社 1982 年版，第 232 页。

的经验，统统地搜集起来，统统地利用。关于这个问题，马希文同志关于人工智能的文章就涉及这样一个问题。按照马希文的意见，这个工作是可以做的。就是把不同的小的专家体系联合起来，成为一个统一的大体系。当遇到问题时，我们就可以到这个大体系中去寻找最适合的专家系统。然后用这个专家系统来解决问题。"①"思维科学的发展也恰恰要靠智能机、人工智能的工作。"②"推动思维科学研究的是计算机技术革命的需要。"③ 有些学者似乎是根据钱学森的上述论述，并依据国家"863 计划"306 主题，在 1996 年将主题的目标扩充为以研究"适应互联网环境、面向智能应用的高性能计算机系统"为主攻方向演绎为"人工智能是思维科学的主攻方向"。强调将思维科学转化为人工智能，智能机（或智能系统）提供理论基础的主攻方向上是钱老的正确决策。任何作战有主攻方向，也有辅攻方向、助攻方向、侧攻方向。现代国际科技竞争，人才竞争也是一场战争，只有多兵协同作战才能获得胜利。

综上所述，对整个思维科学而言，钱学森认为人脑思维研究和人工智能思维研究是同样重要的，而且二者的研究是可以互相促进的。"我们也可以说用思维科学来指导智能机的工作，又用智能机的发展来推动思维科学的发展。"④ 在明确了人工智能和人脑思维同等重要的基础上，钱学森在 1986 年作出指示，召开了中国思维科学学会全国筹备组第二次会议，涂元季传达了他的谈话精神。会议作出两项决定：第一将思维科学的主攻方向明确地转移到为人工智能和智能系统提供理论基础的方向上来；第二增补戴汝为为筹备组副组长负责筹备工作。

① 钱学森主编:《关于思维科学》，上海人民出版社 1986 年版，第 158—159 页。
② 北京大学现代科学与哲学研究中心编:《钱学森与现代科学技术》，人民出版社 2001 年版，第 153 页。
③ 北京大学现代科学与哲学研究中心编:《钱学森与现代科学技术》，人民出版社 2001 年版，第 156 页。
④ 北京大学现代科学与哲学研究中心编:《钱学森与现代科学技术》，人民出版社 2001 年版，第 153 页。

（二）脑神经科学

思维科学研究已经成为现代科学最深奥的课题之一，也是最难攻克的堡垒。为了探索思维器官——人脑的奥秘，开发人工智能技术，并宣布 21 世纪是"脑科学时代"。[①]20 世纪 90 年代，欧美国家纷纷制订了脑科学研究的长远计划。美国国会曾专门通过决议将 20 世纪 90 年代定为"脑的 10 年"，之后，日本和欧洲国家纷纷响应，日本最为积极，制订了"认识脑""开发脑""保护脑"的研究计划，他们把脑科学、脑功能开发技术等综合起来研究。钱学森早在 20 世纪 70 年代末世界有关脑科学学术思想尚处于混乱状态下，站在科技发展的前沿，提出创建思维科学这一科学部门，把一个模糊的概念科学地概括称为思维科学，并提出思维科学的大致框架，可以说起到了科学研究的开创性作用。从这40 年的历程可以看出，钱学森倡导建立的思维科学具有明显的前瞻性、预见性。

最近十几年脑科学和认知科学有了长足的发展，提供了一些新的成果。但是核磁共振仪等系统的精度仅为亚毫米水平，达不到神经元尺度水平。所以还很难达到神经元互联认知级别的知识。思维科学的研究途径仍然无法依靠脑科学和神经科学的成果。钱老所指出的研究道路至今仍然是正确的。经过 40 年的探索和研究，我们对钱老提出的"我们思维科学内部的一些方法"有了一些体会。一言以蔽之，就是钱老提出的"从定性到定量的综合集成方法"。实现的环境就是人机结合、人网结合的综合集成研讨厅。为什么呢？钱学森、于景元、戴汝为提出的这个方法是针对开放复杂巨系统的问题方法。而思维就是人脑的中枢神经系统的运动，人脑和人的思维系统都是开放、复杂的巨系统。要揭示它的规

---

① 余华东：《论思维研究的使命——关于思维研究的重要性、复杂性和道路》，《北京市政法管理干部学院学报》2003 年第 2 期。

律，当前可行的方法就是这种方法。当今学界已经出现了将脑神经科学作为对人的思维研究的一个新的结合点，美国奥巴马政府就已经将其纳入政府投资的重要项目之中。①

（三）教育领域

思维科学是培养人才的科学，培养人才是思维科学应用领域中一个不容忽视的重要方面。国家与国家的竞争是科学的竞争，是技术的竞争，同时也是教育的竞争，但归根结底是教育的竞争。而要培养人才，很重要的一个因素在于思维，在于科学思维的培养。钱学森说："我们要十分重视教育和人才培养。世界当代科技竞争最激烈的是人才竞争。一个国家现代化建设诸因素中最重要的是人才因素。"② 多门科学都可以对教育事业作出贡献，而思维科学可对教育作出的贡献应能更大，因为"'素质教育'的关键是培养学生的思维方法，提高智力"③。"思维科学之研究思维的规律和方法"④，这也就是说，思维科学可以在素质教育中起关键性作用。

钱学森谈思维科学在素质教育中的作用，大致可概括为以下几点：

其一，教育是传授知识的。他认为，传授知识的过程又可以同时变成培养思维能力的过程。他说："学习要靠实干，光听讲不行。教育不都是先听老师讲解，然后再让学生做习题吗？就是文学艺术也要靠背诵嘛！这都是学生在锻炼思维能力"，"学习中既有形象思维，也有逻辑

① 孙涤：《超越经济理性的人际合作》，《书屋》2013 年第 10 期。

② 陈华新主编：《集大成 得智慧——钱学森谈教育》，上海交通大学出版社2007 年版，第 91 页。

③ 陈华新主编：《集大成 得智慧——钱学森谈教育》，上海交通大学出版社2007 年版，第 116 页。

④ 钱学森主编：《关于思维科学》，上海人民出版社 1986 年版，第 16 页。

思维"①, 由此可见, 学生应当在接受知识的同时, 通过思维科学在教育领域中的应用, 提高理解力和思维能力。

其二, 思维科学在革新教学方法中可做的四件事: (1)"小学就可以引入抽象思维的教育"②, 他肯定了一位研究者教学改革实验中的指导思想——"核心在于更早地发掘孩子的理论思维, 从小就让孩子学"③。(2)"把现代信息技术引入教学中来, 即电化教育。"(3)电子计算机教育。(4)"用电子计算机和必要的信息数据库同学生对话的教学系统。"④其中第(1)、(4)条直接与思维科学有关。

其三, 要培养出成批的"大成智慧"的人。他说:"'大成智慧'的人工作适应能力很强, 完全能乘风破浪!"⑤ 他说:"看来, 智能、智慧不等于脑科学, 它是人思维的综合。"⑥

其四, 在成批的"大成智慧"的人中着力培养相当数量的有很强创造能力的杰出人才。钱学森对温家宝总理说, 我要补充一个教育问题, 培养具有创新能力的人才不但要有科学知识, 还要有文化艺术修养。没有这些是不行的。小时候, 我父亲就是这样对我进行教育的, 他让我学理科, 同时又送我去学绘画和音乐。就是把科学和文化艺术结合起来, 我觉得艺术上的修养对我后来的科学工作很重要, 它开拓科学的创造

---

① 陈华新主编:《集大成 得智慧——钱学森谈教育》, 上海交通大学出版社2007年版, 第117页。

② 陈华新主编:《集大成 得智慧——钱学森谈教育》, 上海交通大学出版社2007年版, 第85页。

③ 陈华新主编:《集大成 得智慧——钱学森谈教育》, 上海交通大学出版社2007年版, 第57页。

④ 陈华新主编:《集大成 得智慧——钱学森谈教育》, 上海交通大学出版社2007年版, 第85—86页。

⑤ 陈华新主编:《集大成 得智慧——钱学森谈教育》, 上海交通大学出版社2007年版, 第110页。

⑥ 陈华新主编:《集大成 得智慧——钱学森谈教育》, 上海交通大学出版社2007年版, 第115页。

思维。

其五，可以根据思维科学构建教育科学的基础理论。钱学森曾说："如果思维科学建立起来了，而不是处于目前的草创时期，那我们也许可以用思维科学来建立教育科学的基础理论。"① 而到了 1990 年时，钱学森就在谈论这个问题时去掉了"也许"二字，他说："教育理论或教育学要在辩证唯物主义引导下，撇开老一套，用正确的主观和客观相结合的方法，即附呈拙文提出的定性与定量相结合的综合集成法（后正式定名为"从定性到定量综合集成法"——引者注），其理论基础是思维科学"②，这也就肯定了思维科学在构建教育科学理论中的作用。

四、思维科学的重要科学贡献

思维科学研究的这 40 年，也是思维科学取得重大进展的 40 年。它不仅明确了思维科学的研究对象、学科性质、分类研究，而且在应用研究领域都有重大进展。具体而言，主要有以下五方面的贡献：

第一，逐渐明确了思维科学的研究对象。最初，钱学森指出思维科学的研究对象是"有意识的思维"，显然是指人的思维。对动物思维的研究，就突破了钱老的对象观，不但研究对象一下子扩展到包括动物和人的全部主题的思维。在对人的思维的研究中，不但研究了个体人的思维，而且研究了社会思维、人类思维。这样，思维科学的研究对象就是包括动物思维、人的思维的全程意义上的"思维"了。

第二，逐渐明确了思维科学的学科性质。钱学森指出，思维科学是意识与大脑、精神与物质、主观与客观的综合性学科。而心理学专家认

---

① 钱学森主编：《关于思维科学》，上海人民出版社 1986 年版，第 449 页。

② 赵光武主编：《思维科学研究》，中国人民大学出版社 1999 年版，第 158 页。

为，思维科学是以思维为研究对象的心理学。学者们的观点尽管有异，其认识总的来说是逐渐向心理学家的观点靠拢。

第三，在思维的分类研究方面成绩很大。各种主要的逻辑思维规律型思维几乎都研究到了。刘奎林、陶伯华的灵感思维研究，杨春鼎、刘奎林的形象思维研究，李欣复的形象思维史研究，黄顺基、张义生关于直觉思维的研究，苏富忠关于代换思维与具体思维的研究，曾杰、张树相、张育铭等对社会思维的研究等，都提出了一系列新的观点。在品质思维中，傅世侠、王极盛、庄寿强、卢明森等对创造思维的研究，苗东升等对模糊思维的研究，也都成绩斐然。

第四，在思维的相关研究领域，在认识思维与被思对象的关系上，有张光鉴的相似论研究；在思维与逻辑关系的研究中，明确了逻辑是思维成果的结构；思维与语言关系的研究亦有新进展。

第五，在思维的应用领域，戴汝为在人工智能和模式识别领域取得了令人瞩目的成就。语言教育界的专家对写作与写作思维开展了系统研究，教育思维研究迈开了新的步伐，创造思维训练也取得了一批成果。

综上所述，作为一门综合交叉性学科，思维科学植根于现代科学特别是系统科学和复杂性科学的大背景中，它既是人类认识史逻辑发展的必然，也必引领人类认识走向更深处。在创建思维科学的过程中，钱学森既坚持了马克思主义哲学对思维科学的指导，又对思维科学中的思维作了丰富和深化，这在人类认识史上是一大进步。

（马君）

马克思主义认识论视域中的相似性

相似问题有着广泛的科学和技术价值，因而成为众多学科考察的对象。从哲学角度看，相似性存在于客观物质世界中，是客观事物之间或者客观事物内部存在的一种联系；人则是认识、把握和利用这种联系的主体。随着人类经验、知识等方面的不断积累和自身水平的提高，人类的认识活动和实践活动逐渐丰富，人类对客观世界的认识必将逐步深化，能够通过把握客观事物之间存在的相似联系来认识世界、创造新事物，从而促进人自身和社会的不断进步和发展。

一、在人的认识活动中把握相似性

客观事物的相似性需要在人的认识活动中来把握。认识是社会人所特有的高级反映活动，是人以观念方式对世界和自身的能动掌握。人类从产生那天起，便处于与客观世界的复杂关系之中，依赖它们而生存和发展。动物只能通过自身的机体性改变来适应环境，人对世界的依赖则可以通过对世界的自觉能动的掌握来得到实现。认识就是主体对客体的一种观念掌握，其目的就是为了主体实际地、有效地掌握世界的活动做准备。不管人的思想观念形式多么抽象和复杂，归根结底来自并反映着客观对象。它不是主体对客体的简单直接的摹写和再现，而是主体在观念中对客体的能动的有选择的再现。面对纷繁复杂的对象世界，人们不可能全部关注，面对着多种多样的客观信息，人们也无法全部接受，只能有选择地接受和采集。而关注什么、重视什么、选择什么，一方面取决于主体的认识动因和兴趣，另一方面取决于人的认识能力。

相似论的观点认为，个人认识事物的过程，就是每个人根据自己获得的直接经验和间接经验而调动大脑中储存的相似块，对所认识的事物或要解决的问题进行分析、判断和推理的。在认识过程中，人总是先从事物的形式相似入手，才能认识到事物千变万化中那些相对不变的本质，达到对事物的规律的认识。这一基本观点与马克思主义认识论的观点是一致的。马克思主义认为，人的认识分为感性认识和理性认识两个阶段，感性认识又大致分为感觉、知觉、表象三个阶段。人的认识能力最初是从感觉开始的。感觉是通过各种感觉器官对事物的表面的个别的属性和特性的反映，是意识与外部世界的直接联系。需要说明的是，客观实在是人的感觉的唯一来源，而感觉器官系统则是外部刺激和外部信息向大脑输入的门户和窗口，是连接外部世界与人的内在思维世界的通道和桥梁，正是外部世界的各种刺激不断引起人的感觉器官和运动—效应器官的积极活动，并将各种刺激输入人脑，才引起思维器官和中枢神经系统的相应活动。人的感觉器官系统正是由于特殊的生物结构和生理功能，既与外部感性世界有同构性和相关性，能够接受和感知现实世界的各种信息与刺激，又能与人的神经系统和思维器官相连接，能够将各种外部的、物理的、化学的、机械的刺激转化为各种感觉、直觉，并将其输入人脑，使之成为意识事实，形成人们对客观世界的初步认识。当然，这个阶段，人们对客观世界的认识还是零散的、不全面的。在分化了的精细化和多样化的感觉基础上，人类已有的认识成果，通过人脑的整理与综合，逐步形成知觉和表象，为认识的发生和发展准备条件。知觉是对传入刺激的注意和对分散的感觉的整合。知觉过程是刺激中抽象和整合出有关信息，并建构起关于一定的客体的整体印象的过程，包括对感觉的分析和整合。由于感受能力的发展和分化，每个个体可以用各种感觉方式对同一客体作出各种反应，如对苹果的形状、颜色、软硬、味道等的分别感受，并将这些通过不同感觉受纳器器官所得到的分散的、零碎的感觉加以分析与整合，形成关于苹果的整体映像。这种知觉的形成，实际上是感官系统和中枢神经系统相互协调作用整合的结果。当知觉进一步与大脑的记忆功能相联系时，人则能在离开客体后在头脑中再现关于客体的整体映像，即形成表象。表象的形成意味着时间记忆初步为人类个体掌握，客体的守恒性、永久性等加入到人的认识活动中。知觉和表象的形成，实际上是认识初步发生并开始渗透到感觉过程中的重要标志。由此开始，人的认识逐步从分散化、零碎化的阶段进入到系统化、综合化的阶段，标志着人的认识能力和认识水平进入新阶段。在感性认识阶段，每个人的知识水平、认知能力及已有经验不同，所获得的感觉、知觉、表象各不相同。

理性认识是主体借助抽象的思维对感性认识进行加工、整理、概括而形成的对客体的内在本质、整体结构和运动规律的认识，往往以思想观念或理论体系的形式存在，是认识的高级阶段。理性认识是对感性认识的提高与超越，主要表现在以下几个方面：从客体方面看，它意味着由现象进入本质、结构和规律，是对客体的更加深层的、内在的和动态的方面的认识；从主体方面看，它意味着从形象到抽象，离不开抽象的思维、深度的分析、高度的综合，需要足够的抽象思维能力；从活动的角度看，它意味着对事物的认识由直接的感性接触到间接的理性抽象，必须借助非常复杂的语言符号系统和概念范畴体系，这一过程离不开主体的自觉的能动的思维活动。理性认识常常借助于概念、判断和推理等思维的具体形式表达出来。概念是对同类事物的共同的一般特性和本质属性的反映。概念是思维的细胞，是最基本的思维形式，是对事物内部规律的把握。这种内部规律，我们也可以称之为"类内相似"。判断是对事物之间的联系或关系的反映，是人们认识客观事物是否具有某种属性的判明或断定。从某种意义上看，我们可以称之为"类间相似"。推理是从事物的联系或关系中由已知合乎规律地推出未知的反映形式。在逻辑形式上，推理表现为判断之间的一定联系或关系。这种逻辑形式可以从事物的普遍联系推导出个别联系，也可以从个别联系中推导出一般联系，可以使人们对客观世界的认识从已知领域向未知领域不断拓展。从这个意义上看，推理实质上就是综合运用"类内相似"和"类外形似"的过程，是运用客观事物的相似联系发现、认识新事物的过程。

认识正是对各种分散的、零碎的、易逝的感觉进行分析、综合、整理、加工，并使之系统化、条理化、符号化、逻辑化的过程。这一过程是从事物的表象挖掘事物本质的过程，是发现事物规律的过程。用相似论的观点看，人类的感性认识和理性认识就是通过认识和把握事物间客观存在的形形色色的相似联系，逐步发现和认识客观事物内部本质的规律的过程。

二、在人的实践活动中把握相似性

客观世界存在的一切，本身就是以相似性为中介紧密联系而形成的复杂的、开放的巨系统。而要认识客观世界的相似性，只有通过人类的实践活动才能把握。实践的观点是马克思主义哲学全部理论的最本质基础。马克思、恩格斯认为，社会生活在本质上是实践的，因此，必须始终站在现实历史的基础上，不是从观念出发来解释实践，而是从物质实践出发来解释观念的形成。实践是一种感性的现实的人类活动，是人与外部世界进行物质、能量和信息交换的最基本方式。实践，又是有意识、有目的地进行的，是人的理智、情感、意志等内在本质力量的对象性表现，也是人的自觉性和自由精神运动的最现实的表现。实践是借助于一定的工具而展开的中介性活动，它集中体现人类理性的光芒，实现经由客体的自发运动向人的自觉活动形式的转换，也实现着人的内在尺度和事物的外在尺度的统一。

　　客观世界的相似性是在人们认识自然、改造自然、利用自然的过程中被发现和把握的。马克思主义认为，实践首先是人以自身的活动引起、调整和控制人与自然之间物质变换的过程；在这个过程中，人与人之间必然要结成一定的关系并互换其活动。正是通过实践，人们不仅改造自然存在，而且自身也进入自然中，还构成了人类自身与自然界之间的某种"相似性"联系。正是通过实践，自然与社会相互作用、相互制约、相互渗透，自然成为"社会的自然"或"人化的自然"，人类社会成为"自然的社会"，历史成为"自然的历史"。现存的世界是自然与社会"二位一体"的世界，而这个"二位一体"的基础就是人的实践活动。因此，人类社会发展的过程就是人自身不断利用自然、改造自然的过程。需要说明的是，人类利用自然、改造自然的过程往往需要运用自身具有的知识、经验、能力，按照自身的需求去改造。从某种意义上说，就是要把自然改造成与人自身的需求具有某种"相似性"才能更好为人所用。原始社会中，原始人通过打磨石制工具为我所用，这个工具一方面必然适合原始人的需求；另一方面与原始人已有的知识、能力、经验等相匹配，才能更好被用来捕食、采集食物，以维系人基本的生存。随着人自身能力的不断发展，人类对生产生活的要求越来越高，需要更多生产资料、生活资料以满足自身的发展和社会的进步。于是，更多更先进的生产工具被广泛用于人类的生产活动中。比如，奴隶社会的青铜器工具、封建社会的铁器，以及资本主义社会中的蒸汽机等等。这些生产工具都是在人类长期的生产实践中产生的，都是与不同时期的人的知识、能力、水平和经验等相匹配而产生的，目的都是为了更好满足人自身的需求以促进人自身的发展。

　　人类对客观世界自然界相似性的认识和深化是在实践中形成的。从根本上看，人的认识活动是在实践基础上并且是为了人类实践的需要的。所以，人的认识对象主要是依据人自身实践的需要自觉选择的，并通过主动作用于对象的观察、实践而自觉地反映对象。人不仅能够运用感觉器官全面地把握客观对象发出的各种信息，通过各种感觉、知觉形成对象的映像，而且能够借助各种"人造感官"——各种仪器去进行感觉。这就突破了人的自然感官的感觉阈限的限制，把不能引起感觉的刺激转化为能够引起感觉的刺激，大幅度增加了获得的信息量，大大提高了感觉的质量。这里需要说明的是，人类的这种感觉不是纯粹的直观感觉，而是在理性参与下进行的。"只有理解了的东西才能更深刻地感觉它。"实践证明，人的实践经验越丰富，知识水平越高，对有关对象的感觉就越敏锐、越深刻，就更能发现事物之间更多的相似联系，能更好把握客观事物的本质和规律。人类的实践活动越丰富，人类对事物的表象的认识就越深刻，就越能在丰富的感性材料上"去粗取精、去伪存真、由此及彼、由表及里"，达到对事物的本质和规律的认识。

三、在人自身的发展过程中把握相似性

人是改造和利用客观世界的主体，也是认识和把握客观世界相似性联系的主体。因此，人类自身发展越丰富，能够认识和把握的相似性就越多，就越能认识和创造更多新事物。从一定意义上说，人类把握客观世界相似性联系的过程也是人们对客观世界认识逐步深化的过程。在历史和现实世界中，人们的具体认识活动是形态各异、丰富多彩的，但他们都以一定的方式包含着认识主体、认识客体和认识中介。认识主体和认识客体构成了认识结构的两极，语言符号和工具系统等则是沟通两极的认识中介。三者构成了认识系统的基本要素，他们之间的关系及组合方式则构成了认识系统的基本结构或基本骨架。认识活动，作为认识系统的动态展开，是一定的认识主体借助于一定的中介而以一定的方式掌握客体的自觉活动。在认识活动中，人是认识的主体，是认识活动中的主动性因素。人类的认识活动越丰富，人自身的认识能力就越高，人自

身的发展就越快。人认识能力越高，自身发展越快，就越能认识和发现客观世界的相似性，认识和创造更多新事物。因此，要从人自身的发展过程中来把握客观世界的相似性。

认识、把握相似性需要借助于人脑这一特殊物质。现代生物学、神经生理学、心理学、脑科学等大量研究证实，脑是高等动物和人类专司反映的物质器官，而大脑皮层则是动物心理和人类意识的活动中心。与类人猿的大脑相比，人脑不仅重量剧增（现代人脑重量约 1500 克，与体重之比大约为 1：50；黑猩猩的脑重量不到 400 克，与体重之比约为 1：150；大猩猩脑重量约 540 克，与体重之比约为 1：500），更重要的是质的变化，主要表现在与大脑半球紧密联系的大脑皮层的高度发达。可以说，这是一切物质形成中最精密、最复杂、最发达的一种物质。人脑约由 1000 亿个神经细胞组成，其中大脑皮层有 140 亿个。覆盖在大脑两半球上的皮层是大脑的主要构成部分，皮层展开有 2600 平方厘米，其中顶、颞、枕、额叶是最发达的部分，占皮层面积的 67%。皮层有 200 个功能区，分别对感官传入的各种信息进行分析和综合，作出反应。大脑分为两半球，各自有不同职能。左半球是主管语言、符号、抽象逻辑思维的神经中枢，右半球是专管颜色、神经、空间位置、形象思维的神经中枢。两半球之间有 2 亿多条神经前卫，每秒钟可在两半球之间传递 40 亿个神经冲动。大脑皮层与皮层下的丘脑、下丘脑互相协调并和小脑、脑干、延髓、脊髓等相连接，组成整个中枢神经系统；又和周围（传入、传出）神经系统、各感觉器官相连，形成一个以大脑为司令部的复杂的、遍布全身的"等级式"神经网络。主客体相互作用时，信息通过耳、眼、鼻、舌、身各感官转化为神经冲动，由传入神经把兴奋传导到大脑，引起大脑皮层活动，产生感觉、直觉、表象、思维、情绪等意识活动。

人脑及其特殊的运动能力和活动方式与人类的实践和劳动密不可分。马克思说，意识一开始就是社会的产物，而且只要人们还存在着，它仍然是这种产物。从动物心理发展到人的意识，是与从猿到人、从猿脑到人脑这个社会化的运动过程一起完成的。劳动与社会实践是人的意识产生和发展的根本动力。而当人类祖先从利用自然工具发展到制造工具，从利用自然发展到改造自然，使自然界为自己的目的服务时，人就不能使自己对客观世界的认识能力停留在动物心理的水平，必须极大地发展他的感觉器官即眼耳鼻舌身特别是手的能力，大幅度增加各种信息量，同时需要大脑具有反映事物本质的抽象思维能力，使之能够透过现象把握客观世界之间和客观世界内部的相似联系。古人类学提供的大量研究资料说明，人类社会的历史可能在 300 万年以上，但现代人的直接祖先——"智人"的生存时代距今不超过 10 万年，如中国的山顶洞人经检测，只有 1.8 万年左右。如果联系从低等动物到高等动物，再到人的整个生物进化过程，那么这种速度呈现出几何级数递进的质的飞跃，只能用劳动这一决定性的因素来说明。由于环境改变所引起的生活和活动方式的变化，直立行走特别是长期的劳动实践和经验积累，使猿的不发达的手变成了能制造和使用工具的高度完善的灵巧的手；再加上火的使用，进一步改变了人的生产和生活方式，这一切使人的机体的各种器官特别是大脑发生了巨大变化。一是脑重量成倍增大。黑猩猩脑重量不到 400 克；南方古猿开始工具制作，脑重量幅度为 428—755 克；北京猿人能够制造工具和使用火，脑重量增加到 1000 多克；而会制造复合工具（石矛、标枪等）和绘画、雕刻等艺术的智人，脑重量已经达到 1400 克左右，接近现代人。二是劳动要求更精确地反映客观事物，更好地协调身体各部分的联系，这必然促进大脑组织结构的完善和技能的加强。三是促进了语言的形成和产生。人类长期的直立行走和劳动，使身体各部分的姿势，特别是头部器官、口腔、鼻腔、咽喉以及呼吸系统发生了重大改变，猿的喉逐渐转变为人的喉，能够发出不同的音节，专门语言器官的形成是语言的生理基础，而语言的产生对于意识的形成是具有决定意义的一步。只是由于有了语言，大脑才形成了人类所特有的反映机制。从此，人就能够用观念和符号形式反映外部世界，使抽象思维能力得以形成和发展，从而使猿脑最终变成人脑，产生了人这个特殊物质实体所特有的反映特性——意识。意识的产生和发展又反过来促进了劳动、语言和社会交往的发展，如此相互推动，创造了人类伟大的物质文明和精神文明。

人类就是在人自身的发展中不断提高认识和把握客观世界的能力和水平的。人类越发展，能够认识和把握的相似性越多，就越能发现并创造更多新生事物。从人类社会发展的历史看，从原始社会的石器时代到资本主义社会的机器大生产时代，人类利用自然、改造自然的水平和能力不断提高，人类自身获得的知识和能力也获得了跨越式发展，人类通过把握客观世界的相似联系而创造的新生事物也不断涌现。这里需要说明的是，人类进行的创造活动，一方面是以认识自然界的相似运动、相似联系中的某些原理而进行的创造；另一方面是在前人取得的成果基础上，进行某些相似的改进、综合而进行的创造。但无论是哪一种创造，都需要人的认识和实践活动把握客观世界的相似联系，这一过程中必然伴随着人自身知识、能力、水平的提高。

（李国祥）

"大成智慧"理论视角下的智慧政府建设

物联网、云计算、人工智能、大数据、区块链等新技术的飞速发展，改变了知识传播与人们思维的模式，推动了社会形态、组织形态、创新形态的嬗变，也促进了政府向云化、个性化、智慧化的演进。钱学森敏锐地捕捉到了这个发展趋势，在总结了工程技术、思维科学、系统科学的基础上，提出"集大成、得智慧"的"大成智慧"理论。它不仅是在 21 世纪里引导人们如何尽快获得聪明才智与创新能力的学问，而且对于智慧政府的实施方略也提供了强大的理论支持和方法路径。

一、"大成智慧"的理论意蕴

"'大成智慧'思想及其学说，是钱学森先生最重要的创新成果，是他在从事工程技术做出重大贡献的基础上，进入系统科学、思维科学、人体科学研究取得的突破。"① 由于他本人没有系统论述过这个学说，只散见于他的论著和书信中，所以通过对相关内容的集中梳理，我们大致得出：钱学森"大成智慧"的系统思想主要包括大成智慧学、大成智慧工程和大成智慧教育三个方面。

---

① 戴汝为：《序言》，载卢明森、鲍世行编：《钱学森论大成智慧》，清华大学出版社 2014 年版，第 1 页。

（一）理论基础：大成智慧学

"大成智慧学"是 1992 年 11 月 16 日钱学森致王寿云的信中最先提出的。[①] 他指出："应该向恩格斯、列宁学习，要通过现代科学技术体系来达到大成智慧。不然怎么能称'大成'，又怎么能得'智慧'！"[②]

从横向结构上看，大成智慧学由自然科学、社会科学、数学科学、系统科学、思维科学、人体科学、地理科学、军事科学、行为科学、建筑科学等主要表现为"量智"的 11 大部门，和文艺创作、文艺理论、美学以及各种文艺实践活动等主要表现为"性智"的部门组成。从纵向结构上看，大成智慧学从上到下排列为：马克思主义哲学—桥梁哲学—基础科学—技术科学—工程技术—实践经验（前科学）。其中，马克思主义哲学是一切知识的最高统领，它通过 11 个桥梁哲学，与 11 门科学技术贯通，又与广阔的实践经验相连，汇集成人类全部知识、经验的统一智慧体系。由此可见，大成智慧就是以马克思主义哲学为指导，运用系统科学观、综合集成法和现代信息技术，将科学与哲学相结合、科学与艺术相结合，集人类创造的全部知识、智能和智慧之大成的结构严谨、功能强大的创新智慧体系。

（二）技术路线：大成智慧工程

1990 年，钱学森首先提炼出"开放的复杂巨系统"[③] 的概念。在此基础上，经过不断地思考和完善，他又提出处理这一系统的方法论——

[①] 《钱学森书信选》编辑组编：《钱学森书信选》（下卷），国防工业出版社 2008 年版，第 714 页。

[②] 钱学森：《要通过现代科学技术体系来达到大成智慧》（1996 年 9 月 1 日致钱学敏、涂元季的信），载卢明森、鲍世行编：《钱学森论大成智慧》，清华大学出版社 2014 年版，第 127 页。

[③] 钱学森、于景元、戴汝为：《一个科学新领域——开放的复杂巨系统及其方法论》，《自然杂志》1990 年第 1 期。

"从定性到定量的综合集成法"；它的工作体系称为"集体研讨厅"；它的组织形式则被称为"总体设计部"。这些构成了关于大成智慧工程的完整思想。

大成智慧工程是在汇总了"几十年来世界学术讨论的 Seminar、C3/I 及作战模拟、从定性到定量综合集成法、情报信息技术、第五次产业革命、人工智能、灵境、人机结合智能系统、系统学"[①]的成功经验的基础上提出的。其特点是：（1）将各方面有关专家的群体智慧、数据和各种信息与计算机、人工智能技术、信息网络等有机地结合起来了；（2）也把各种学科的科学理论、知识与难以言表的经验、直觉、灵感等结合起来了；（3）是半经验、半理论和专家判断的结合。[②]事实上，它利用专家系统、知识系统和人机系统等三个智慧系统的综合智慧，开展民主研讨、集思广益、建模推演、反馈创新，对于解决开放的复杂巨系统问题无疑十分有效。

（三）人才培养：大成智慧教育

教育事业是钱学森十分重视的基础大业。1993 年 10 月 7 日他给钱学敏的信中[③]，首次提出大成智慧教育的设想，主张打破学科分隔，实行通才教育。

在他看来，21 世纪的中国公民全部都成为硕士生，而且具备以下素养："（1）熟悉科学技术的体系，熟悉马克思主义哲学；（2）理、工、文、艺结合，有智慧；（3）熟悉信息网络，善于用电子计算机处理知

---

① 钱学森：《提出"从定性到定量综合集成研讨厅体系"》（1992 年 3 月 2 日致王寿云同志的信），出自卢明森、鲍世行编：《钱学森论大成智慧》，清华大学出版社 2014 年版，第 26 页。

② 钱学敏：《论钱学森的大成智慧学》，《中国工程科学》2002 年第 3 期。

③ 卢明森、鲍世行编：《钱学森论大成智慧》，清华大学出版社 2014 年版，第 64 页。

识。这样的人是全才。但 21 世纪的全才并不否定专家，只是他这位全才，大约只需一个星期的学习和锻炼就可以从一个专业转入另一个不同的专业。这是全与专的辩证统一。"① 除此之外，他还在革新教育观念、更新教学方法、改革教育制度、增加教育经费等方面提出了许多意见。比如为了适应信息时代世界竞争形势的需要，他建议缩短学制，以便更早地培养青少年的理论思维；他还十分注重把现代信息技术引入教学中，主张开展电化教育、网络教育，让人们能学得更多，学得更好，学得更轻松。

二、"大成智慧"对智慧政府建设的理论价值

推进智慧政府建设，不仅是各种现代化信息技术的简单运用，更是治理理念、治理结构、治理方式与治理能力的不断再造。钱学森提出的"开放的复杂巨系统"及大成智慧学、大成智慧工程等，为当下智慧政府的建设提供了新的思维基础和方法论支撑，具有重要的理论价值和现实意义。

（一）"复杂巨系统"：智慧政府的识别特征

钱学森认为，开放的复杂巨系统具有几个特征：（1）系统本身与系统周围的环境有物质的交换、能量的交换和信息的交换。由于有这些交换，所以是"开放的"。（2）系统所包含的子系统很多，成千上万，甚至上亿万，所以是"巨系统"。（3）子系统的种类繁多，有几十上百，甚至几百种，所以是"复杂的"。（4）开放的复杂巨系统有许多层次。②

---

① 卢明森、鲍世行编：《钱学森论大成智慧》，清华大学出版社 2014 年版，第65 页。

② 钱学森：《再谈开放的复杂巨系统》，《模式识别与人工智能》1991 年第 1 期。

智慧政府是由 G2G（政府对政府）、G2B（政府对企业）、B2G（企业对政府）、G2C（政府对公民）、C2G（公民对政府）等多种异构系统融合组成的，其中具体包括虚拟政府内部协同系统、政府与政府之间的协作系统、政府和企业之间的双向服务系统、政府和个人之间的双向反馈系统。[①] 这些子系统以政府、企业和公众为服务对象，相互之间不仅呈现出一种多层次的结构态势，而且还同时和社会环境进行着大量的物质、能量和信息的交换，所以智慧政府完全符合钱学森定义的"开放的复杂巨系统"。当前我国智慧政府建设暴露出各种问题，包括盲目建设、重复建设、数据壁垒、信息孤岛以及管理的碎片化、流程的碎片化等现象。究其原因，最根本的就是没有认识到智慧政府是一个复杂巨系统，它必须采用系统科学理论和系统工程的方法来建设。

（二）"总体设计部"：智慧政府的神经中枢

"总体设计部"概念，是钱学森从我国研制"两弹一星"的总体设计部引申过来的。它是决策支持体制的一种组织形式，具有很强的实践性、科学性和现实性。对智慧政府这个复杂巨系统的研究，可以遵循大成智慧工程的流程，运用总体设计部进行规划、设计、实施和协调，从而发挥其智囊团和决策者的作用。具体思路是，由不同城市系统职能部门、社会各领域专家组成专家体系，通过社交网络等社会工具的使用，集结大众智慧，进行多专业、全方位的交叉研究和分析，提出经验性假设；根据搜集到的基础数据，构建解决管理问题的模型体系，通过云计算技术、数据挖掘、系统仿真和模拟实验，对前一步提出的经验性假设进行反复的定量诊断和描述；专家体系根据这些定量的分析，上升到定性的决策管理，从而获得相对的最优方案。

---

① 王克照主编：《智慧政府之路：大数据、云计算、物联网架构应用》，清华大学出版社 2014 年版，第 43 页。

（三）"大成智慧者"：智慧政府的人力资源

钱学森的"大成智慧教育"，直击人才培养的要点，不仅揭示了"只有集大成，才能得大智慧"的规律，而且提出的"大成智慧者"是"全才、通才、帅才、杰出人才"的见解非常独特。他在这方面的思想和观点，不仅对学校如何培养创新人才具有指导作用，同样对党和国家培养优秀领导干部也具有一定的延伸意义。作为智慧政府的决策者、建设者、使用者，领导干部在智慧政府中扮演了重要的角色。他们不仅要熟练掌握电子政务系统，还要评估和鉴别各种信息和需求，树立用户思维、极致思维、迭代思维、流量思维、大数据思维、平台思维和跨界思维等。因此，在高度信息化、智能化的条件下，领导干部应该人人力争成为钱学森口中的"大成智慧者"。

三、"大成智慧"视角下的智慧政府建设

所谓智慧政府就是指利用物联网、云计算、移动互联网、大数据、人工智能、知识管理等技术，提高政府办公、监管、服务、决策的智能化水平，为公众提供多渠道、无差别、全业务、全过程便捷服务的新型政府。作为智慧政务、智慧社区、智慧城市、智慧国家、智慧地球等各种"智慧体"建设的重心，智慧政府已成为社会治理体系和治理能力现代化的关键环节。鉴于"大成智慧"对于智慧政府建设的启示，我们可以基于以下几个方面来建设。

（一）智慧政府的系统设计：FEA 理论

智慧政府是政府事务这个复杂巨系统的数字化、网络化、智能化，必须运用整体的、系统的思维来考量。顶层设计是智慧政府总体规划的

一种实现手段，包括建设内涵、总体结构、应用模式、建设方法、管理体系、关键要素、政府层级、业务框架、预算体制等。打个比方，如果把智慧政府比作建筑，顶层设计就是建筑的结构设计，是智慧政府建设的依据和蓝图。

在智慧政府的顶层设计上，我们可以将美国政府电子政务的顶层设计——联邦企业架构（FEA）作为参考。FEA 主要由绩效模型、业务模型、服务组件模型、数据模型、技术模型五大模型组成。其中，绩效模型用来提供绩效信息，识别机构的绩效改善机会；业务模型用来描述政府的主要业务流和业务活动，打破部门和机构的界限；服务组件模型用来确定部门共同的子功能模块，较少或避免重复投资；数据模型用来实现数据的效用和集成，提高信息共享能力；技术模型用来概括政府部门应用和实施基于架构的技术组成。这样一个以业务为中心的完整框架，详细描述了政府履行的各种功能与各类业务、政府与公民互动的过程以及关键的业务流程，有助于政府各部门间的横向整合以及各级政府间的纵向集成。

（二）智慧政府的决策模式："集成研讨厅"

综合集成研讨厅可以作为智慧政府管理的一个策略：即在现代信息通信技术、模拟仿真、人工智能的支持下，把政府管理者、各领域专家和公众的思维、智慧、积累的经验以及各种情报、资料和信息统统集成起来，运用数据挖掘、文本挖掘、模型挖掘、专家意见挖掘等多种手段，从多方面的定性认识上升到定量认识，再从定量的判断中得出对管理工作定性的指导。

其一，建立数据技术支持系统。数据技术支持系统主要包括数据仓储技术、数据挖掘技术、统计分析技术、数据可视化技术等。数据仓储技术确保了数据的全面性和多样化，避免因信息不全而导致的决策偏差；数据挖掘技术揭示数据中隐藏的规律和趋势，对未来的状况进行预测；统计分析技术通过现代数学算法分析变量之间的关系，辅助政府准确把握事物之间的关联动向；数据可视化技术让杂乱无章的数据更加直观地呈现，让政府和公众对数据信息一目了然。

其二，打造新型智库支持系统。政府要凝聚各方力量，整合科研资源，建设网络专家管理库。尤其鼓励数据分析家、情报分析家、统计学家等专家加入政府智库，进入政策议程；建立社会智库与政府之间的"旋转门"机制，通过定期留出政府职位，让社会智库专业人士挂职锻炼；健全决策咨询系统，通过搭建专家虚拟工作室、政策研究高端论坛等方式，促进专家之间的学术交流和合作，为专家提供展示研究能力和成果的空间；实行政策咨询外包机制，为各类智库搭建公平竞争的平台，打通政策影响力的"最后一公里"。

其三，搭建合作民主支持系统。公众参与是公民的基本权利，也是确保政策和决策民主性、公共性、公益性的重要保证。在智慧政府的实践中，随着公共管理的日益复杂化和公民需求的个性化，"政府交付—公民使用"的传统模式正逐渐向政府与公民及其他利益相关者的"合作生产"转型。这与钱学森倡导的"举众人之力、集各方智慧"有异曲同工之妙。为此，政府应当利用移动技术、Web 2.0、物联网、云计算、大数据、APP等新一代信息技术，建立完备的政府信息公开制度、社区民意反馈制度、社会听证制度以及社会公示制度，并采用激励、比赛机制引导公民参与协同合作。

（三）智慧政府的组织基础："大成智慧者"

钱学森眼中的"大成智慧者"，应该达到三个层次：一是知识层，由各种科学技术知识、信息、经验、感受等要素构成；二是情感层，由人们的价值观念、需要、意识、精神、品德、意志、意向、情趣等要素构成；三是智慧层，以知识层和情感层的整体融合为基础，由科学的世界观、人生观、方法论、思维方式，以及现代科学技术体系观、人—机结合的学习方法、工作方法等基本要素相互促进、相互交融、有机地建构在一起。①

据此，智慧政府背景下的领导干部也应该具备这些能力：一是网络素养。领导干部要不断提高对互联网规律的把握能力，对网络舆论的引导能力，对信息化发展的驾驭能力，对网络安全的保障能力，努力成为这方面的"行家里手"。二是政治素养。网络空间有原则、有主权、有话语权，在大是大非的原则问题上，领导干部要有政治担当，要有纪律红线，要有正确的人生观、价值观和世界观。三是创新素养。领导干部要当好智慧政府的执行者，要会"弹钢琴"，要"心中有图"，要与时俱进，这样才能不断地提升治理思维，增强治理本领，创新治理方式。智慧政府的"大成智慧者"，可以通过加强对领导干部的培训、树立领袖核心能力标杆、形成人才群体效应等方式来培养，从而为智慧政府的建设奠定坚实的组织基础。

（四）智慧政府的风险管理：马克思主义技术哲学

马克思主义哲学告诉我们：任何事物都具有两面性，它们是对立统一的。科学技术一方面能促进经济和社会发展，造福于人类，另一方面也可能在一定条件下对人类的生存和发展带来消极的后果。它会受到一定的客观条件如社会制度、利益关系等因素的影响，也会受到一定的主观条件如人们的观念和认识水平的影响。

智慧政府建设的过程中，同样也面临着各种各样的不确定性，诸如技术依赖倾向、数据隐私安全、新的"权力寻租"和政府俘获等。因此，引入风险管理就显得尤为重要。首先，要搭建智慧政府建设的法律制度框架，包括公共利益维护、个人信息保护、数据资产等方面，这有助于防止智慧政府"裸奔"，减少智慧政府运行的负面效应，形成政府

---

① 钱学敏：《钱学森的"大成智慧学"》，《北京日报》2004 年 4 月 12 日。

生态体系的"保护伞";其次,要建立稳定的数据环境,包括加强数据采集体系建设、数据整合共享建设、数据开放利用建设等,进一步提高政府的数字存储和服务能力,避免数据失真、数据孤岛、数据独裁、数据闲置等现象;最后,要完善智慧政府绩效评估体系,包括政府整体评估、政务服务评估、公共项目评估、公共政策评估、支出费用评估等,通过不断化解吸纳新技术带来的治理风险,以推动政府治理模式的平稳转型。

（刘碧田）

教育理论本土化与传统文化传承

在中国悠久而灿烂的历史发展中，文化的发展源远流长，涌现出众多不朽的文化典籍和思想家，交织形成了具有中国特色的文化教育传统。在中国传统文化中蕴含着丰富的教育理论和教育思想，这些教育理论和教育思想不仅在当时社会的发展中产生了深刻影响，而且其中很多理论和思想超越了时代的局限，可以成为我们今天改进、创新、升华教育理论和实践的基础。

一、对传统文化的重新审视

与政治、经济因素相比，文化因素对教育产生的影响更为深远，我们要探寻教育理论本土化的生成逻辑，首先需要对传统文化进行重新审视。顾明远说："教育有如一条大河，而文化就是河的源头和不断注入河中的活水。研究教育，不研究文化，就知道这条河的表面形态，摸不着它的本质特征。只有彻底地把握住它的源头和流淌了 5000 年的活水，才能彻底地认识中国教育的精髓和本质。"①

中国传统文化的发展历程曲折复杂而丰富多彩，它与域外文化不断地发生碰撞、交流、融汇，在时代的变迁中经历了一个繁荣—式微—重新重视的发展过程。

---

① 顾明远：《中国教育的文化基础》，山西教育出版社 2004 年版，第 1 页。

在封建社会的形成及其上升时期，中国文化一直处于领先地位。进入清朝后，中国文化发展呈现出停滞不前的局面，同时西方的文化思想渐渐进入中国，对传统文化产生了冲击。尤其 1840 年鸦片战争之后，中国"闭门锁国"的局面被打破，以曾国藩、李鸿章、张之洞等为代表的洋务派认为必须学习西方国家的先进科学技术，张之洞提出"中学为体，西学为用"的口号。19 世纪 90 年代以后，面对民族危亡和国弱民穷的社会现实，一些知识分子对封建传统文化进行了猛烈抨击，提倡学习西方资产阶级的新思想新文化。在北洋军阀统治时期，兴起了新文化运动。新文化运动提出：反对封建的特权政治，要求政治民主；反对旧道德，提倡新道德；反对旧文学，提倡新文学。当时新文化运动的倡导者们以"疑古"的精神，对中国的传统文化进行了重新检视，可以说，五四精神中的偏激成分影响了中国近代民族认同感的形成。[1] 中华人民共和国成立后，在建设社会主义新文化中，虽然提出"古为今用、洋为中用，批判继承、推陈出新"的文化建设方针，但在实际落实中重批判轻继承，强调传统文化属于封建文化，忽视传统文化超越时代具有永恒价值的继承性。[2] 近年来，中华优秀传统文化方重新得以重视，学术界对中华优秀传统文化的传承与发展进行了深入探讨。

由传统文化发展的历程可以发现，对中国传统文化的质疑与国家的实力紧密相连。近代以来，在救亡图存的道路上，国人一方面批判否定传统文化，认为传统文化中缺乏推动中国实现现代化的精神动力；另一方面学习西方，渴望从西方的思想文化中汲取营养。林岗认为，中国的现代性"基本上是从一个怨恨自己的历史传统中，来积聚变革能量的

---

[1]　王逢贤：《中国教育的现代化与跨文化交流结合点的探索》，《东北师范大学学报》（哲学社会科学版）1993 年第 2 期。

[2]　张小平：《论十八大以来中华优秀传统文化传承理论的新发展》，《学术论坛》2017 年第 2 期。

这种方式"。① 人们没有进行积极的教育传承，历史传统的传承发生断裂，对本民族的传统文化缺乏深度认同和文化自信。而在客观上，西方文化意识在中国的渗透也影响了人们对待传统文化的态度，在传统文化的传承上发生了传承目的的异变、传承内容的否定、传承形式的偏离以及传承方法的错位。② 对于历史传统，怀着一种"温情与敬意"③ 的态度去接受和理解，也是一种更为审慎和恰当的态度，避免了历史虚无主义。"传统，尤其是源头性的传统，因其不可'解释'，首先应该是人们认同的对象，而不应该也不可能是理性反思的对象。"④ 对自己传统尤其是源头性传统的认同，是产生民族凝聚力、民族自信心和文化认同感的源泉。

文化具有多元性，既有在现代社会仍有传承意义的价值观念，也有与时代不符需要扬弃的内容。对于传统文化，要"秉持客观、科学、礼敬的态度，取其精华、去其糟粕，扬弃继承、转化创新"⑤。然而在具体的扬弃过程中，对于精华与糟粕的辨别并不是那样容易把握。但应坚持一个原则：在认识不精准、理解不深刻的情况下，不要轻易加以评判。杨淑芝教授在访谈中说，老祖宗的东西一定要去继承。你认识程度不到，不要说他迷信，因为你达不到他那个高度。无独有偶，刘余莉在做客人民网时也表达了这样的思想，她说，其实在很多的时候，很多人对

---

① 秦晓、金耀基、韦森、新望、林岗、高全喜、许纪霖：《社会转型与现代性问题座谈纪要》，《读书》2009 年第 7 期。

② 容中逵：《当代中国传统文化传承不力之社会学成因（下）》，《教育理论与实践》2011 年第 28 期。

③ 钱穆：《国史大纲》，商务印书馆 2010 年版，"序言"。

④ 樊浩：《应对"全球化"的价值理念及其道德教育难题》，《教育研究》2002 年第 5 期。

⑤ 中共中央办公厅、国务院办公厅：《关于实施中华优秀传统文化传承发展工程的意见》，见 http://www.gov.cn/zhengce/2017-01-25/content_5163472.htm，2017 年 1 月 25 日。

经典的批判，都是因为没有读懂，把精华的东西当成了糟粕给抛弃了。不断赋予传统文化新的时代内涵和现代表达形式，使中华民族最基本的文化基因与当代文化相适应、与现代社会相协调，以此作为把握扬弃的准则，追求民族精神与时代精神的和谐统一。

二、教育理论本土化之演变

中国古代的教育思想多散见于各思想家的著作中，严格意义上的教育理论从中国自近代开始，其发展历程伴随着中国传统文化的跌宕起伏。

在 1840 年之后，西学逐渐被引入中国，中国传统教育遭到抨击，从教育内容到教育制度都在学习模仿西方。当时人们认为，从传统文化中难以找到支持现代教育理论构建的资源，难以获取推动教育现代化的动力。人们对传统文化的传承采取弱化忽视的态度，这影响着中国教育理论的形成和发展。

在 1919 年五四新文化运动之后，许多教育家引进学习西方教育理论，在中国形成了不同的教育思想流派。这些教育家在中国进行教育改革实验，对各级各类教育的发展起到了推动作用。20 世纪 20 年代，由于看到学习中出现的诸多问题，以舒新城、庄新泽为代表的中国教育学人提出要"使中国的教育中国化"，认为学习国外教育理论与经验要"合于中国的需要和国情"。可以说，中华人民共和国成立前中国教育学界的思想状况虽在不断变化，但文化态度的激进取向却一直没变。

中华人民共和国成立后，教育领域转而向苏联学习，包括教育理念和教育体制。在百废待兴的特殊年代，学习苏联为教育发展奠定了基础，但是在学习的过程中出现了全盘照搬的问题。随着教育理论的逐渐发展，1955 年"创建和发展新中国的教育学"这一问题被明确提了出来，之后出现了专门论述教育学中国化问题的文章。① 中苏关系恶化后，"教育学中国化"被明确提上日程。1962 年，由刘佛年主编的《教育学（讨论稿）》内部和公开发行多次，影响很大。20 世纪 80 年代，中国教育学重新开始接触学习英、美等西方各国的教育学。

在经历了向苏联、日本、英美学习之后，教育理论本土化的问题逐渐凸显出来。尤其是 21 世纪以来，中国社会经济迅猛发展，国家综合实力增强的同时，国人的自信心也在增强，对传统文化开始进行新的思考和认识。在教育领域，实现教育理论本土化成为教育改革的诉求之一，也成为教育强国的追求之一。

在教育理论中国化的过程中，移植、学习西方的教育理论和经验是基调。可以说，自 1840 年鸦片战争之后，包括 20 世纪的大部分时间里都以此为主。这种学习态度是建立在对中国传统文化的认识上的，就是认为传统文化包括传统教育阻滞了中国的发展，对传统文化持批判态度。人们把目光投向了西方，认为西方的教育理论是具有先进性的。这种态度可以概括为"以学习先进为最大价值取向的激进态度"。② 当然，这种态度也不全然是对传统文化的批判所致，因为教育理论也有其不受地域限制的普遍性和科学性，学习西方教育理念无疑有助于和世界教育接轨。

在激进的基调下，也有不同的声音，那就是"以注重继承传统为价值取向的发展态度"③。一些中国教育学人在向西方学习的过程中意识到，教育理论的发展需要关注教育理论和文化传统以及教育实践的关

---

① 张人杰主编：《中外教育比较史纲》（现代卷），山东教育出版社 1997 年版，第 35 页。

② 和学新、田尊道：《教育理论中国化的文化困境与出路》，《高等教育研究》2012 年第 8 期。

③ 和学新、田尊道：《教育理论中国化的文化困境与出路》，《高等教育研究》2012 年第 8 期。

系，要考虑到其地域性、文化性和特殊性，要具有民族特色、本国特点。因而在教育理论的建构上，主张教育理论要根植于中国传统文化和教育传统，在传统的传承中进行突破和创新。

传统文化的价值一方面在于建立起与过去的联系，获得对本民族文化的认同感；另一方面是要将传统文化运用于当代，为当代的发展和创造提供营养和力量。今天我们重视传统文化，"不在于它能够为现代性的多元化提供一种特别的路径，而在于它作为人类文明的源头，能够为今天反思共同的现代性提供最重要的资源"。① 从教育理论中国化的演变历程可以发现，教育与文化之间紧密相关，一方面教育传承并塑造文化；另一方面，文化制约并影响教育。教育理论是本民族本区域文化发展的产物，教育理论中国化要植根于深厚的中国历史文化中，找寻本原的力量，借鉴文化先哲的思维方法创新当代的教育理论，建构有中国特色的教育理论。

三、对传统教育的创新

进行教育理论创新，要与社会发展要求相适应，不断探索教育规律。关于传统文化如何为当下的教育提供文化和思想资源，如何促进教育理论本土化和创新发展，相似教育论具有深刻的价值意蕴。

（一）加强学习传统文化

传统文化博大精深，主要思想流派有儒家、道家、释家、法家、兵家等，主要文献有经、史、子、集四大类。数千年的文明使得中国人的行为都有一种历史的厚重感，如果缺乏对传统文化的研究，对教育现实

---

① 陈壁生：《"国学"定义的重新检讨》，《当代儒学》2011 年第 1 期。

的理解就会变得缺乏深度，可能导致难以跳出别人教育理论的框框。

中华传统文化被忽视是教育理论中国化未能有效实现的重要因素之一。随着教育理论的深入发展，教育理论中国化出现自觉研究传统文化意向时，中国教育学人因为自己薄弱的国学根基而遭遇困境。尤其是不能对传统文化作新的诠释及获得结合新时代的独特体会。[1] 对于传统文化的不熟悉，不能进行很好的诠释，直接影响了传统文化价值的发挥。

"经典是被时代不断地发掘和选择的，经典具有的现实性价值是由它所涉及人类问题的基础性、基本性、原创性所决定的。"[2] 创新教育理论关键在于构建根植于传统的新视角，否则只能不断地移植和模仿。在传统的教育史著述中，多从儒家的思想家入手进行教育思想的挖掘，尤其是在汉代独尊儒术之后，尤以儒家为盛。相似教育论的形成得益于三方面的理论渊源，即钱学森思想、相似论以及中国的传统文化。相似教育论以钱学森思想为航标，以相似论为引线，以中国传统文化为根基，具有鲜明的中国本土特色。其关键在于博采众家所长，不拘泥于一门一派一人一说，将有益教育的思想汇总融合，应用于教育实践之中。杨淑芝教授从易学"与天地相似"的核心命题出发，建构相似教学模式[3]；从孙子兵法的"势"学出发，提出在课堂教学中要随资顺势，把学生的才干发挥到极处；从禅宗坐禅出发，提出教学中创造零度时空；从老子"水善利万物又不争"提出，教师要以愚育智，提出教育糊涂学；从庄子的混沌之死参悟到，教育中不能以教育者自己的意志强加给教育对象，否则就是扼杀了教育对象的情趣和感受；从邵雍的以物观物，提出以物观我，教育是无为的教育，这种无为就是无为而无不为……用杨教

---

[1] 和学新、田尊道:《教育理论中国化的文化困境与出路》,《高等教育研究》2012 年第 8 期。

[2] 潘庆玉:《全球化语境中的经典教育》,《当代教育科学》2003 年第 12 期。

[3] 杨淑芝:《易学思维与相似教学模式的人文重构》,《洛阳师范学院学报》2005 年第 3 期。

授的话来说，就是："我把精华以相似为链条，串联一股投向教育，在教育思维的风火炉里冶炼出两颗丹来，将个人感受、领悟、体会诉诸形象直觉，即相似思维，才绘出了两个圆图，其中含有圆觉之义。整个过程如《易》所言'开物成务'，这就是真实体会。"传统文化中蕴藏着宝贵的教育思想和教育经验，如果能把这些优秀的传统文化汇聚在一起，对于达成教育理论中国化的目标显然有益。

（二）相似整合传统文化

传统文化的内容看似纷繁复杂，有其相似相通之处。杨淑芝破除传统文化中各家门派之间的壁垒，直指其最具有普世价值的内容，提取其与现代教育理论或实践相似之处，整合聚焦到自己的思想系统中，然后提出自己的观念，也就是入百家成一家。所以，相似教育论的理论基础虽庞杂而有序，得益于以"相似"为主线贯穿其中，也就是以教育之眼观万物，则无物不在诉说着什么是教育；以教育之眼读书，则无书不是教育学。

1. 以教育之眼读《论语》

儒家的思想历来为教育者重视，尤其是孔子的教育理论，经千年而不衰。"仁"虽然是孔子教育思想的理论核心，但是孔子对"仁"只有最概况的回答，就是"爱人"。孔子对"仁"的不同回答，体现了孔子以"仁"为诱导元，并围绕"仁"创设相似诱导理论单元，对学生进行"仁"的相似教育。孔子的五个相似诱导单元是孝悌、忠信、恭敬、智勇、义礼。孝悌是最基础的相似诱导单元，是"仁"的本原和基础；忠信主要是处理人际关系，是与人相处的基本品行；恭敬是在实践中进一步发挥忠信的品德；智勇是士、君子行仁所必备的关键条件；义礼是最接近"仁"的两个概念，是君子所必备的重要品质，是规范人们行为的重要准则。这五个理论单元同属于"仁"的理论框架，是诱导元"仁"的子系统，有着极强的相似性。这五个单元层层递进，以"仁"为终极目标；同时彼此之间相互依存、相互制约、相互完善。

2. 以教育之眼读《道德经》

道家的教育思想可以归纳为三点：第一，教育的核心理念为"道"。道家以"道"为最高的哲学范畴，把它作为宇宙的本原。道家创始人老子就曾说："道生一，一生二，二生三，三生万物"，"人法地，地法天，天法道，道法自然"。道作为最高真理包括天道和人道，它不仅是客观世界的源泉和本体，也是人的世界的价值源泉和价值尺度；不仅是认识的对象，也是信仰的对象。第二，教育目的为追求自然本真。老子说："夫我有三宝，持而宝之：一曰慈，二曰俭，三曰不敢为天下先。慈故能勇，俭故能广；不敢为天下先，故能成器长。""修之于身，其德乃真；修之于家，其德乃余；修之于乡，其德乃长；修之于国，其德乃丰；修之于天下，其德乃普。故以身观身，以家观家，以乡观乡，以国观国，以天下观天下。吾何以知天下之然哉？以此。"老子的这番论述是对相似观物最好的诠释。相似观物由以物观物进入以物观我的万物一体相互观，人才能趋向谦卑的自牧态。第三，崇尚无为不争的教育原则。老子认为："天之道，利而不害；圣人之道，为而不争。""是以圣人处无为之事，行不言之教，万物作焉而不辞。""上善若水。水善利万物，而不争。处众人之所恶，故几于道。"老子的教育思想更加显示出柔性的力量，具有尊重受教者，注重情感交流的现代意义。

3. 以教育之眼读《坛经》

佛教的教育思想与儒家、道家相比，有着鲜明的特点。对于现代教育而言，发掘其中的独特思想，进行现代诠释，赋予新的时代意义，对于当代教育理论的创新和完善是十分有意义的。以禅宗为例，杨淑芝在经年翻阅《坛经》之后，体悟到慧能的思想超越了宗教局限，宛如一股清新的活水，从岭南曹溪流向中华文化的深层，对中国社会生活的方方面面带来了深远的影响。其清新活泼、多姿多彩、不拘一格的禅风吸引了越来越多的学人志士去寻求人性、自性、顿悟、解脱和超越。慧能大师有一首偈子是这样的：

> 心平何劳持戒，行直何用修禅。
> 恩则孝养父母，义则上下相怜。
> 让则尊卑和睦，忍则众恶无喧。
> 若能钻木出火，淤泥定生红莲。
> 苦口的是良药，逆耳必是忠言。
> 改过必生智慧，护短心内非贤。
> 日用常行饶益，成道非由施钱。
> 菩提只向心觅，何劳向外求玄。
> 听说依此修行，天堂只在眼前。

这首偈子把儒家文化融进了禅，使人由生物意义走向哲学意义，教育人怎样做到道德觉悟圆满，杨淑芝由此提出"圆觉教育"。

4. 以教育之眼读《易经》

《易经》是华夏文化的源头，其思想内容十分丰富，对中国几千年的政治、经济、文化产生了广泛而深刻的影响。张岱年说，中国《易经》把人生哲学，人的觉悟推向了整个人类的制高点。这个制高点就是与天地相似。自强不息是乾是阳，厚德载物是坤是阴；自强不息是行，厚德载物是德；自强不息是刚，厚德载物是柔，形成阴阳互补。行为显，德为隐；行为强，德为柔。从而使人的德行刚柔相济，圆融无碍。《易经》里说："一阴一阳之谓道。继之者善也，成之者性也。"还说："广大配天地，变通配四时，阴阳之义配日月，易简之善配至德。""崇效天，卑法地。"古代圣贤都是效法天地的，所以"与天地相似，故不违"。

其中的教育思想渗透到历代教育著作和教育实践中，反而不为世人所明察。杨淑芝从《易经》中提取出关键词——相似，认为易学的核心命题是"与天地相似"。她把易学的相似思维融入教育理念，据此提出四点教育主张：第一，"不易"的基本结构。知识的获得和应用是相似块的相似集中、相似建构、相似匹配、相似激活、相似创造。在学校的教学中，教师要帮助学生集中、建构、匹配、激活、创造所教学科必备的相似块，并且为学生营造集中、建构、匹配、激活、创造相似块的条件和环境。第二，"变易"的学习原则。重兴趣、重积累、重感悟、重迁移、重习惯、重烛理、重炼意、重创新这八个学习原则为个体的差异创设了求变的自由空间，体现出随机而变的机敏性和灵活性。第三，"简易"的和合教学条件。"和"是中国文化独有的特色，"和合"意指冲突与融合。和合思想要求教师在教学活动中营造和谐的关系，形成和谐的结构。"和合"教学遵循易、简、序、喻、趣、情、新、美这几个原则。第四，"交易"的教学互动机制。交易的互动要求教师成为"互动源"，有意义的互动，主要体现在学习过程中学生心灵的启动、智慧的闪光、谋略的运用、情感的喷涌。①

5. 以教育之眼读《孙子兵法》

杨淑芝认为课堂教学和兵法具有相似性，她说："孙子用来讲作战，我用来教学。乐哉，相似也！"比如《孙子兵法》说："兵者，诡道也。故能示之不能，用而示之不用，近而示之远，远而示之近，利而诱之。"教学本身充满了谋略，教师要有攻其不备、出其不意的新奇，课堂才有活力、魅力、吸引力。由此引出"势学"，教书育人要借势、造势、凭势、孕势、导势、顺势、因势、看势、听势、玩势等等，使学生的精神状态如居烧屋之下，坐漏船之中，激发大脑智慧觉醒。

在当前，缺乏这种发现传统文化与教育实践的相似之处的能力，要看到相似之处，需要熟悉传统文化的内容，也要了解教育理论和实践。所以，在实践中运用理论，可以更好地发扬光大传统文化。

---

① 杨淑芝：《易学思维与相似教学模式的人文重构》，《洛阳师范学院学报》2005年第 3 期。

（三）重塑教育情怀

教育理论本土化的实现离不开一批具有教育情怀的研究者。因为一个人能力最大程度的发挥，不但取决于知识的储备、努力的付出，还要有情怀。这种情怀是对祖国的热爱，是对社会的担当，是对事业的追求。有情怀方有高境界大视野，杨淑芝便是一个具有纯真的学术情怀的教育者和研究者。

1. 担当意识

作为一个教育者和研究者，杨淑芝具有强烈的担当意识。在与她的访谈中，她说，季羡林有句话是培养我自尊和自强的力量的一句话，就是：中国学术的发展，必须能直接与西方一流学者抗衡。这句话让我记着，我必须这样做，我跟西方抗衡，要不我就输了。这句话对我有太大的激励，都不是一般的激励。我说我的骨子里头就是这句话，我要跟你抗衡。我要代表中国，这就是自信么，这种自信就让我穷追不舍。至于我有没有机遇，我都这么走；只要我活着，我就这么走。她在洛阳师范学院讲授英语教学法，在教了两个学期之后，渐渐发现各种教学法，比如听说法、功能法、交际法、暗示法等等都是外国的。她心中萌生出一个疑问：为什么中国没有？她说，作为一个中国人，我的自尊心受到了极大的伤害。于是自己暗暗下决心，我得找到一套比外国还好的方法和西方抗衡！这一找就是20多年！

这种担当意识源于内心对自己的国家、对生活的土地、对所有的学生深厚浓烈的感情。杨淑芝说，她的每本书几乎都有这句话：我深深爱着这片土地，因为我对她爱得深沉。因为自己的内心充满了无限的爱，所以在培养学生时，也注重培养他们热爱祖国的情感和回报祖国的感恩心理。受孙维刚教育事迹的启发，杨淑芝提出"教师是学生幸福的设计师"。她说："教师是学生幸福的设计师，你自己幸福让他幸福，你快乐让他快乐，你会必须让他也会，你必须让他跟你一样。"她和学生之间

233

就是老师爱学生，学生爱老师；老师推动学生成长，学生也推动老师进步，师生间产生了良性互动。

2. 执着精神

杨淑芝从萌发寻找中国特色的教学法的想法，到与钱学森的教育思想相遇，再到创立相似教学模式，形成相似教育论，诠释了老子提出的"慎终如始，终善为上"。她说："先哲曰：止于一者为之正。我不知我探索的路是什么价值，但我却是以教育为我一生的追求。我探索的路就是我，我就是这条路。"她一直认为："我也不是那个最好的，但是我一直咬着它没有放，就是咬定青山不放松。"杨淑芝从《易经》中汲取精神养料，把持之以恒看作是最高的"德"，围绕着自己的目标一直走，天天琢磨还应该怎么做，到2016年方感觉自己的成果基本上是做出来了。她从"譬如大海，一人斗量，经历劫数，尚可穷底，得其妙宝。人有至心精进，求道不止，会当克果，何愿不得"得到启示：一个人做事要有执着精神，持之以恒方能成功，就像大海用斗来量，终究有一天能把它量完。

3. 勇于实践

成熟的教育理论会有效指导教育实践，反之，在教育实践的过程中，也会不断完善和改进教育理论。学习传统文化的根本目的是要古为今用，将古人智慧运用于今日的实践当中。杨淑芝将理论与实践相结合，以先哲的智慧来武装自己，然后建构起属于自己的思想体系。她依据相似理论创立了"英语教学能手培训四步相似诱导法"；从儒释道的思想体系中汲取营养，联系教育实践，形成教育之儒、教育之道、教育之禅。

在与国际文化理念频繁融合交流的当代，教育理论的建立不可避免会受到其他国家教育理念和教育变革的影响，我们一方面需要学习外来文化教育领域的优秀成果；另一方面更需要从本民族文化中探寻思想渊源，汲取理论营养力量，形成一种动态的、开放的、融合的理论模式。

（马敏）

文化发展中相似性原则的运用与探析

德国哲学家莱布尼茨在一次宫廷讲学时说："凡物莫不相异，天地间没有两个彼此完全相同的东西"，"世界上没有两片相同的树叶"。①诚然，谁也不可能找到这样相同的树叶，然而，世界却不可否认地存在着惊人的相似。相似性是一种科学的思维方法，存在于人们有意识或无意识地按客观事物之间存在的几何相似、结构相似、运动相似和功能相似的规律进行新的认识活动中，具有一定的普遍性价值和意义。在文化发展中运用相似性，进一步阐释文化发展和演进问题，着力拓展新视野、作出新概括，并结合社会主义文化建设实际，深入挖掘和弘扬相似性原则的时代价值，具有重要的现实意义。

一、相似性原则与文化发展密切关联

相似论是思维科学的一个重要理论。其目的在于研究自然、社会和思维领域广泛存在的相似运动、相似联系与相似创造规律，具有十分重要的认识论和方法论意义。所谓相似，就是客观事物存在的同与变异的辩证统一。在客观事物发展过程中，始终存在着同和变异。只有同，才能有所继承；只有变异，事物才能往前发展。相似绝非等于相同，"相

---

① 转引自吴铭：《从"世界上没有两片相同的树叶"说起》，《解放军报》2017 年 6月 23 日。

似＝同＋变异"。可以说，没有相似，自然界就没有运动，就没有联系，就没有创造性。科学技术的进步，自然界的万事万物，无时无刻不受到相似性的影响。正如张光鉴认为的："人是大自然的产物，人生活在大自然和社会环境中，客观世界中那些俯拾皆是的相似性必然要反映到人的大脑中来，人的思维也必然会按照相似性的规律来进行。"①

相似具有普遍性，相似性原则具有一定的普遍适用性。相似的规律，广泛存在于社会科学领域、自然科学领域。在自然界中，大至宇宙星系之间，小至每个原子运动的形式，都存在着大量的相似之处。人类社会的发展，普遍存在相似性，大多民族都不约而同地经历了石器时代、陶器时代、青铜时代、铁器时代；经历了原始社会、奴隶社会、封建社会、资本主义社会。法国数学家彭加勒认为："世界上如果只有个体的异而无相似的类，我们便不能生活，更无科学可言了。"② 德国物理学家赫尔曼·哈肯的《协同学》也着重探讨了各种系统从无序变为有序时的相似性。无论是自然界，还是人类社会，相似确实无处不在。

文化发展，本质上是文化基因的传承与发展，而文化基因的生成，关键在于相似性原则使然。文化基因间的作用规律与生物基因间的作用规律具有某种程度的相似性，文化基因间也存在着"利他"现象，并且可以被文化基因的"进化"规律所解释。生物基因使得不同时代的人类肉体与行为特征具有相似性、可复制性。文化基因使得不同时代的人类情感、精神及其活动特征具有相似性、可传承性或可重复性。从文化发展的角度看，文化基因存在于不同时代并且被人们广泛谈论、持续传诵的文化符号中，是民族精神的内核。比如崇尚廉洁，最早从西周时期的"六廉"开始形成，逐渐渗透到传统社会并形成人们普遍认同的"清官情节"，特别是以儒道思想为核心的传统文化对廉洁内涵的不断诠释与

---

① 张育铭等编著：《创造性思维理论与应用》，山西春秋电子音像出版社 2011 年版，第 118 页。

② 吴锡英：《相似、创新与成组技术》，《成组技术与生产现代化》1999 年第 1 期。

加工，使之超越时空范畴，成为中国传统社会文化的内核，成为凝聚中华文化共同体的精神支柱。文化发展，正是在以文化基因为内核的传承中不断丰富内涵、拓展外延，形成各具特色的文化生命性特征。

文化发展，离不开相似性运用的内在推动作用，文化基因，就是在一代又一代的同与变异之和合中不断演进、完善和提升，最终成为一个国家和民族文化软实力的核心构成元素。将相似性原则运用于审视文化领域，在"相似"中发现"不相似"，在"不相似"中发现"相似"，有利于进一步认识和掌握文化发展的一般规律，从实践层面进一步论证相似原则的普遍适用性。

二、文化发展中的相似性原则揭示

党的十八大报告指出："文化是民族的血脉，是人民的精神家园。"[1] 党的十九大报告指出："文化是一个国家、一个民族的灵魂。"[2] 历史反复证明，文化多样化是关于文化形态及处理不同形态文化之间相互关系的一种理念，不同形态的文化具有不同的价值，这种文化形态多样化特征的形成，实质上是基于不同文化之间相似性的基础。文化多样性，首要的是文化自身的范畴界定，这是基于不同形态的文化相似性原则而言的，进而探讨文化多样性的表现形式。从文化发展的角度看，文化多样化表现为不同地域的文化形态、不同阶段的文化形态或者不同层

---

[1]　胡锦涛：《坚定不移沿着中国特色社会主义道路前进　为全面建成小康社会而奋斗——在中国共产党第十八次全国代表大会上的报告》，人民出版社 2012 年版，第 30 页。

[2]　习近平：《决胜全面建成小康社会　夺取新时代中国特色社会主义伟大胜利——在中国共产党第十九次全国代表大会上的报告》，人民出版社 2017 年版，第 40 页。

面的文化形态等，利用相似性原则对文化多样化进行审视，有利于把握文化发展的基本脉络和核心元素。

从微观层面看，文学、艺术在创作规律上的相似性比比皆是，关键在于相似方法的广泛运用。文学强调的典型，修辞强调的譬喻、摹状、对偶、排比，绘画强调的神似、形似，音乐强调的重复、再现，诗、词、歌、赋和戏曲中强调的音韵、曲调、格式，都离不开相似这个核心。比如，比喻，找到两种事物之间现象的相似；隐喻，找到两种事物之间性质的相似；排比句，三个以上结构相似的句子；对偶句，两个结构相似句子的连用。又比如，李白的《静夜思》：床前明月光，疑是地上霜。举头望明月，低头思故乡。整个诗句结构相似、韵律相似、情景相似，意境很美，朗朗上口。再比如，李白的《望庐山瀑布》：日照香炉生紫烟，遥看瀑布挂前川。飞流直下三千尺，疑是银河落九天。站在一泻千丈的瀑布前的那种痛快感，就是相似的共鸣。还有物以类聚、人以群分，近墨者黑、近朱者赤的俗语，于是便有"昔孟母，择邻处。子不教，断机杼"。还有"人之初，性本善。性相近，习相远"。为什么"性相近，习相远"？关键在于生活学习条件、环境不同，相似的基因或人，不相似的条件、环境，必然导致不相似的学习结果。

从中观层面看，核心价值观演进中的相似性在于坚持把跨越时空、超越国度、富有永恒魅力、具有时代价值的文化基因融入核心价值观建设，确保形成价值观的"最大公约数"。核心价值观是决定文化性质和方向的最深层次要素。每个时代都有每个时代的精神，每个时代都有每个时代的价值观念。"国有四维，礼义廉耻，四维不张，国乃灭亡。"这是古人对那个时代核心价值观的认识。中国历来讲格物致知、诚意正心、修身齐家、治国平天下。从某种角度看，格物致知、诚意正心和修身是个人层面的要求，齐家是社会层面的要求，治国平天下是国家层面的要求。当今的核心价值观，就是把涉及国家、社会、公民的价值要求融为一体，形成倡导富强、民主、文明、和谐，倡导自由、平等、公正、法治，倡导爱国、敬业、诚信、友善的核心价值观。这种演进过程，既继承了中华优秀传统文化，也吸收了世界文明有益成果，最大程度地体现了时代精神，其根本就是把不同时代的优秀文化基因不断融入核心价值观，始终能够确立人们共同认同的价值观念的"最大公约数"，能够使全体人民同心同德、团结奋进。

从宏观层面看，优秀传统文化、革命文化和社会主义先进文化的传承发展中的相似性在于将继承精髓精华与实现创造性转化、创新性发展相结合，把中华文脉作为文化演进的主线。中华优秀传统文化是中华民族的"根"和"魂"。5000多年连绵不断、博大精深的中华文化，积淀着中华民族最深沉的精神追求，包含着中华民族最根本的精神基因，代表着中华民族最独特的精神标识。包括儒家思想在内的中国传统思想文化中的优秀成分，对中华文明形成并延续发展几千年而从未中断，对形成和维护中国团结统一的政治局面，对形成和巩固中国多民族和合一体的大家庭，对形成和丰富中华民族精神，对激励中华儿女维护民族独立、反抗外来侵略，对推动中国社会发展进步、促进中国社会利益和社会关系平衡，都发挥了十分重要的作用。在党和人民伟大斗争中孕育的革命文化，比如"井冈山精神""长征精神""延安精神""西柏坡精神""吕梁精神""右玉精神"等，以及遍及全国各个角落的各具地方特色的红色文化、先进集体与英雄人物，正是中华优秀传统文化与中国共产党革命斗争实践相结合的时代产物。发展社会主义先进文化，就是继承和发扬党和人民从五四运动以来形成的革命文化传统，积极坚守与弘扬革命文化传统。在社会主义建设时期所形成的"雷锋精神""大庆精神""'两弹一星'精神""载人航天精神""北京奥运精神""抗震救灾精神"，以及涌现出来的一批批先进群体与英雄模范，正是新时代传承革命文化的集中体现。中华文化演进中普遍存在的相似性，本质上就是善于继承与创新发展的融合，使中华文化始终保有核心的精神标示，最终生成从未间断的、一脉相承的中华文化谱系。

从以上三个视角来揭示文化发展中的相似性，实质上是对相似联系律的运用尝试，用以解释文化发展和演进是以相似性为中介而进行的，为拓展对相似论的运用空间积极探索途径。审视文化领域的相似性，还可以从不同国家和民族的文化多样性来剖析，进而得出文化发展和演进根本上是具有相似性的文化基因的延续和转化的结论，这也是中华文脉生成的内在动因。

三、相似性原则的时代价值

运用相似性原则阐释文化发展，提升对文化发展规律的认识和把握，目的在于挖掘和弘扬相似性原则的时代价值，为坚定文化自信、建设社会主义文化强国积极探寻新的途径。

把相似性原则作为科学方法论。相似论的三条规律是相似运动律、相似联系律、相似创造律。相似运动律是指不论自然界还是人类的思维，由简单到复杂、由低级到高级的运动都是在相似的同与变异中进行的。相似联系律强调一切事物都是以相似性为中介而联系的。相似创造律强调一切创造，无论是自然界的创造还是人类的创造，都是基于某种相似性而进行的。这三条规律性认识，体现了辩证唯物主义和历史唯物主义的基本原理，贯穿着马克思主义的认识论和方法论，是科学认识客观世界、有效发挥主观能动性的重要方法。必须把相似性原则作为科学方法论，从系统梳理文化发展过程中，进一步把握文化发展的规律，努力把对文化发展规律的认识提升到一个新水平，实现从方法论到认识论的共同提升。

用相似性原则坚定文化自信。把相似性原则运用于阐释文化演进，就是要系统梳理传统文化资源，讲清楚中华优秀传统文化的历史渊源、发展脉络、基本走向，讲清楚中华文化的独特创造、价值理念、鲜明特色。在此基础上，深入挖掘和阐发中华优秀传统文化讲仁爱、重民本、守诚信、崇正义、尚和合、求大同的时代价值，继承五四运动以来的革命文化传统，通过多种方式加强爱国主义、集体主义、社会主义教育，引导人们树立和坚持正确的历史观、民族观、国家观、文化观。把相似性原则运用于对传统文化进行创造性转化、创新性发展，就是要用相似运动律、相似联系律、相似创造律的方法，处理继承和创造性发展的关系，对那些至今仍有借鉴价值的内涵和陈旧的表现形式加以改造，赋予其新的时代内涵和现代表达形式，激活其生命力。同时，按照时代的新进步新进展，对中华优秀传统文化的内涵加以补充、拓展、完善，增强其影响力和感召力，从根本上增强中华民族的文化自信和价值观自信。

用相似性原则探索提升文化软实力。"文化软实力集中体现了一个国家基于文化而具有的凝聚力和生命力，以及由此产生的吸引力和影响力。"[①] 古往今来，大国的发展进程，既是经济总量、军事力量等硬实力提高的过程，也是价值观念、思想文化等软实力提高的过程。首要的是必须夯实文化软实力的根基，关键是要推动文化改革创新发展，相似性原则的一个重要方面就是关注创新创造。强调创新创造，实质上都是基于某种相似性而进行的。深化文化领域体制机制改革，重点在于形成有利于创新创造的文化发展环境。基于相似性原则，充分把握构建现代公共文化服务体系、健全现代文化市场体系、发展现代文化产业、发展文化事业等方面的创新创造规律，特别是把握好意识形态属性和产业属性、社会效益和经济效益的关系，始终把社会效益放在首位，营造良好的政策环境和社会氛围，为提升文化软实力提供重要支撑。

在根本上，相似性原则是科学的思维方法，具有一定的普遍适用性。在新时代中国特色社会主义新征途上，无论是"五位一体"总体布

---

① 中共中央宣传部编：《习近平新时代中国特色社会主义思想三十讲》，学习出版社 2018 年版，第 208 页。

局，还是"四个全面"战略布局，都可以探索运用相似性原则来深化认识、把握规律、推动工作。同时，相似性原则也唯有秉持经世致用的姿态，才能更好地运用于实践并得到进一步丰富发展，以更加完备的理论体系为经济社会发展提供有益启迪。

（常瑞）

如何培养学生的思维能力

思维能力的培养和发展一直是教育教学主要工作和个体成长所需的重要方面。特别是在当前经济社会大发展、科学技术不断进步的新时期，教育愈发注重思维能力的社会性、实践性、多样化、个性化和创造性。

2016 年 9 月，我国学生发展核心素养确立为以培养"全面发展的人"为核心，分为文化基础、自主发展、社会参与三个方面。综合表现为人文底蕴、科学精神、学会学习、健康生活、责任担当、实践创新等六大素养。各素养之间相互联系、互相补充、相互促进，在不同情境中整体发挥作用。核心素养是知识经济时代和信息社会对教育提出的新要求，强调核心素养的培养是当今时代教育发展的重要趋势，而突出和发展思维能力对个体和社会行为的指导性作用则是实现核心素养培养的根本基础。

核心素养是对素质教育内涵的具体阐述，是新时期下素质教育目标的延续和拓展，内涵更加丰富、清晰，也更具指导性和可操作性。核心素养也是对素质教育过程中存在一定局限性问题的反思与改进。素质教育是针对应试教育提出，更加强调学生能力培养和全面发展。然而过去强调思维能力的培养和发展更多立足于学校教育的基础上，促进学生以学校教育为起点的全面发展。现如今，核心素养全面系统地凝练和描述学生发展指标，并建立基于核心素养发展情况的评价标准，与过去素质教育目标相比，学生思维能力被赋予了新的意义和内涵。核心素养对学生思维能力全面性、个性化和创造性等方面的培养和发展提出了更高的标准和要求。

一、思维能力的重要性

思维是人脑对客观事物的一般特性和规律的一种间接的、概括的反映过程。① 自古以来，教育领域就非常重视对学生思维能力的培养。苏格拉底通过产婆术来训练学生的思维能力。我国的"学以思为贵""学而不思则罔，思而不学则殆"，都突出了发展思维能力和学习知识是同等重要的。

人具有思维能力，第一，可以认识世界、改造世界；第二，可以认识人我关系和物我关系，明确在社会生活中的正确方向；第三，能创造出人类文化和文明。学校和教师不仅是知识的传播者，更应该是学生潜能和聪明才智的培育者。教师启发诱导得越好，学生的逻辑思维能力就发展得越好，对事物认识的能力就越强，自制能力、自学能力和自立能力就越强，这将对学生的终身发展起到良好的促进作用。

思维的本质是人脑对客观事物间接的概括的反映。人是通过思维而达到理性认识的，所以人的一切活动都是建立在思维活动的基础上的。思维是人类认识世界、改造世界的最重要的主观来源，恩格斯把它比作"地球上最美的花朵"。

思维是智力的核心，是考察一个人智力高低的主要标志。而其他智力因素都为它服务，为它提供加工的信息原料，为它提供活动的动力资源。没有思维这一加工机器的运转，信息原料和动力资源都只能是一堆废物。另外，其他诸因素都受思维力支配，即有思维力参与，才能有效进行。思维是创造力的源泉。创造力是在思维的基础上，将高智力因素与良好的非智力因素综合的表现。思维培养是教育的本质和目的之一。

---

① 林崇德：《思维心理学研究的几点回顾》，《北京师范大学学报》（社会科学版）2006 年第 5 期。

教育的本质和目的就是传承人类的智慧，包括人类积累下来的对大自然的认识、对人类社会的认识、对人自身的生存与发展的认识。人生是有限的，知识增长是无限的，要使学生在有限的生命历程中去掌握无限增长的知识，仅靠机械传授、被动接受知识是断然不行的，古人主张"授人以鱼，不如授人以渔"，这里的"渔"，实质上是指教给受教育者获取知识的思维方法，这才是教育之本。①

二、思维能力在核心素养中的地位和作用

虽然"核心素养"这个概念是近几年才提出来的，但事实上，国际范围内对于这个问题的思考可以追溯到 20 世纪 90 年代。1996 年，联合国教科文组织为应对 21 世纪对教育提出的挑战，专门组织了一个"国际 21 世纪教育委员会"，并出版了一份影响深远的教育报告——《教育——财富蕴藏其中》。该报告首次提出了"教育的四大支柱"，即学会认知、学习做事、学会共处、学会成为你自己。这四个"学会"虽然未冠以"核心素养"的名称，但却为回答 21 世纪需要培养什么样的人指明了方向。进入 21 世纪以后，联合国教科文组织的工作就是落实《全民教育世界宣言》和《达卡尔行动纲领》提出的六大教育发展目标，包括从幼儿教育到基础教育再到成人识字，从教育公平（包括性别平等）到教育质量。然而，在 21 世纪初的 10 多年间，由于世界各国的教育发展水平不一，联合国教科文组织将全民教育的工作重心主要放在了教育公平的问题上，对于教育质量并没有提出明确的标准。直至 2012 年重新从工作和市场需求的角度反思青年人应该具备什么样的技能。报告确

---

① 林崇德等：《思维型课堂教学的理论与实践》，《北京师范大学学报》（社会科学版）2010 年第 1 期。

定了所有年轻人都需要具备的三类主要技能：第一类为基本技能。最基本层面的技能包括能够获得满足其日常生活需要的工作所要求的识字和计算能力，这些能力也是其继续教育和培训的必要前提，也是获得可转移技能、技术和职业能力、增加找到好工作可能性的必要前提。第二类为可转移技能。包括解决问题的能力、有效的交流思想和信息的能力、创新意识、领导力以及责任感和创业能力。21世纪的人们需要这些技能，以适应不同的工作环境，从而提高其留在"有利可图"的就业岗位的机会。第三类为技术和职业能力。许多工作要求有特定的专业技术知识，从种植蔬菜到使用缝纫机，砌砖或使用电脑，无不如此。2013年，联合国教科文组织又联合美国布鲁金斯学会在2012年研究的基础上，专门针对基础教育阶段学生的核心素养问题，发布了一份研究报告——《向普及学习迈进——每个孩子应该学什么》（*Towards Universal Learning: What Every Child Should Learn*）。该报告在深入分析世界各国、各地区教育质量监控项目的基础上，充分征求了全球500余名专家学者的意见，指出要确保基础教育阶段的学习质量，必须重视以下七个领域：身体健康、社会情绪、文化与艺术、文字与沟通、学习方法与认知、数字与数学、科学与技术。该报告还根据不同学段学生身心发展的不同特征，建构了一套从幼儿园到小学再到中学的七大学习领域不同的学习指标体系。这实际上是为基础教育阶段学生的核心素养培养提供了一套详细的参考指标。培养学生核心素养这一思想在2014年联合国教科文组织发布的《全民教育全球监测报告》中得到延续。这一年度的报告在聚焦教育质量问题时，明确指出："教育质量不仅仅是帮助学生掌握基础知识，还需培养学生作为全球公民所必需的可迁移技能如批判性思维、沟通能力、问题解决和冲突解决的能力等。"

与此同时，2012年3月，经合组织发布了一份题为《为21世纪培育教师　提高学校领导力：来自世界的经验》的研究报告。该报告明确指出21世纪学生必须掌握以下四个方面的十大核心技能：（1）思维方式，即创造性，批判性思维，问题解决能力、决策能力和学习能力；（2）工作方式，即沟通和合作能力；（3）工作工具，即信息技术和信息处理能力；（4）生活技能，即公民素养、生活和职业能力以及个人责任和社会责任。其中，掌握无定式的复杂思维方式和工作方式最为重要，这些能力都是计算机无法轻易替代的。十大核心技能包括：创造和创新；批判性思维、问题解决和决策能力；学会学习；沟通交流；团队合作；信息素养；信息技术；本土与全球公民能力；变化的生活与职业；个人责任与社会责任。

其中，创造和创新是指，未来的学生必须有开放的态度，善于制造头脑风暴，乐于接受和尝试新生的有价值的理念，将新理念与自身所处的历史文化环境相结合，不怕失败，勇于坚持，将每一次失败都视为学习的机会，以不断积累成功经验。

批判性思维、问题解决和决策能力是指，未来的学生应该学会运用演绎、归纳等不同的推理方法，分析复杂系统中的不同观点，并根据实际情况对不同观点进行整合；通过不断提出问题、分析问题、解决问题，提升自己的问题解决与决策能力。这里特别值得一提的是，问题的提出和解决都应有充分的证据和深入的分析，而对于证据分析，一个很重要的前提条件则是学会分类，因此分类思维是未来学生学习的一个重要领域。此外，在问题解决与决策的过程中，学会信任他人，灵活、公平地对待他人，客观地反思自己，也是重要的前提条件，正如"修身"乃"齐家、治国、平天下"的前提一样。

我国的学生核心素养内容，在具备科学精神方面要求，理性思维：崇尚真知，能理解和掌握基本的科学原理和方法；尊重事实和证据，有实证意识和严谨的求知态度；逻辑清晰，能运用科学的思维方式认识事物、解决问题、指导行为等。批判质疑：具有问题意识；能独立思考、独立判断；思维缜密，能多角度、辩证地分析问题，作出选择和决定等。勇于探究：具有好奇心和想象力；能不畏困难，有坚持不懈的探索精神；能大胆尝试，积极寻求有效的问题解决方法等。

在学会学习方面要求，乐学善学：能正确认识和理解学习的价值，具有积极的学习态度和浓厚的学习兴趣；能养成良好的学习习惯，掌握适合自身的学习方法；能自主学习，具有终身学习的意识和能力等。勤于反思：具有对自己的学习状态进行审视的意识和习惯，善于总结经验；能够根据不同情境和自身实际，选择或调整学习策略和方法等。信息意识：能自觉、有效地获取、评估、鉴别、使用信息；具有数字化生存能力，主动适应"互联网＋"等社会信息化发展趋势；具有网络伦理道德与信息安全意识等。

在实践创新方面要求，问题解决：善于发现和提出问题，有解决问题的兴趣和热情；能依据特定情境和具体条件，选择制定合理的解决方案；具有在复杂环境中行动的能力等。技术运用：理解技术与人类文明的有机联系，具有学习掌握技术的兴趣和意愿；具有工程思维，能将创意和方案转化为有形物品或对已有物品进行改进与优化等。

从以上国内外教育组织对核心素养界定可以看出：

第一，核心素养强调不同于传统的针对碎片化知识的评估体系，注重对学生创新与合作意识以及更为复杂的思维方式及工作方式的培养。

第二，核心素养强调真实情境和非常规复杂思维的重要性。未来社会的不确定性和复杂性使得解决社会问题、创造社会价值都变得更为复杂。传统上凭借单一学科在"真空"环境中进行思考的思维方式已经无法满足未来社会的需求，未来社会问题解决和价值创造需要调动多学科的知识和多方面的能力，特别是非常规的人际互动能力和可迁移技能将是确保人们有效合作并解决问题的关键。

第三，核心素养强调专业学科学习和跨学科主题学习的关系。真实情境和非常规复杂思维必然要求学生进行跨学科的主题性学习，这不仅能培养学生跨学科解决真实情境问题的能力，同时也是培养学生可迁移技能的重要途径。同时，跨学科学习是建立在学科基础之上的，跨学科学习对学科学习的要求不是降低了，而是提高了。它要求学生真正掌握学科的本质和大概念，只有这样才能"衍生"出跨学科学习所需要的"养分"。

第四，核心素养强调认知技能和非认知技能的关系。虽然 21 世纪核心素养凸显了非认知技能的重要性，包括价值观、社会情绪、团队合作、可迁移技能等，但这并不意味着认知技能重要性的下降。恰恰相反，对认知技能的要求越来越高，因为简单的低阶认知技能已经被计算机所替代，但分析、批判、创新等高阶认知技能计算机目前还无法完全取代。因此，现代教育应将重心转向高阶认知技能和各种非认知技能的培养上。

三、提高学生思维能力水平的培养途径

落实核心素养，提高培养学生思维能力水平，宏观方面主要通过以下五种途径进行实践：

一是推进课程改革，实现思维能力的全面性。基于学生发展核心素养的顶层设计，指导课程改革，把学生发展核心素养作为课程设计的依据和出发点，进一步明确各学段、各学科具体的育人目标和任务，加强各学段、各学科课程的纵向衔接与横向配合，形成网络状课程体系，提高学生思维全面性和畅通性能力。例如，可加强校本课程建设，并着手梳理，把众多校本课程整合为：品德与价值观、生命与健康、语言与文学、人文与社会、科学与探究、信息与技术、艺术与审美七大领域。

二是丰富课程内容，实现思维能力的个性化。将学校持续建设绿色校园、书香校园、文化校园、智慧校园，并全面开发各领域的延伸型、发展型、研究型、创新型等课程，动、静、雅、趣，这些素养型课程适应学生身心特点、爱好特长，提供学生多样选择的可能，进而满足学生差异性需要。并在此基础上,学校团委、学生会开展体验类、探究类、实践类、服务类等社团活动、社区服务,让学生从学习者向组织者、活动者、探究者、实践者转变,磨炼意志、陶冶情操,增强社会责任感和人生幸福感,促进知识、能力转化为素养,并促进素养的进阶、提升。

三是促进学科融合,培养学生思维能力的独立性。以学生的素养不断进阶提升为目标,打破学科界限、融通各学科知识,贯通价值观、思维力和创造力,充分尊重学生个性,并借此激发学生志趣、引导学生制定生涯规划,形成自我修持、自我完善、自我超越的终身学习能力与习惯,培养跨学科、跨领域人才成长的核心素养。

四是改革教学实践,培养学生思维能力的实践性。学生发展核心素养明确了"21世纪应该培养学生什么样的品格与能力",可以通过引领和促进教师的专业发展,指导教师在日常教学中更好地贯彻落实党的教育方针,改变当前存在的"学科本位"和"知识本位"现象。此外,通过学生发展核心素养的引领,可以帮助学生明确未来的发展方向,激励学生朝着这一目标不断努力。

五是优化教育评价,保障学生思维能力的多样性。学生发展核心素养是检验和评价教育质量的重要依据。建立基于核心素养的学业质量标准,明确学生完成不同学段、不同年级、不同学科学习内容后应该达到的程度要求,把学习的内容要求和质量要求结合起来,完善个性化分析诊断系统,通过对学生智力因素、非智力因素、学习风格、学习方法和学科漏洞进行测评,形成综合性的诊断报告,老师结合报告为学生制定一套完整的个性化学习成长方案,根据方案分阶段进行个性化辅导,有力推动核心素养的落实。

从微观课堂教学来看,可以通过学习方式和教学模式的创新与变革进行实践,来提高学生思维能力和思维水平:

第一,回归学习本质——解决问题,注重思维方式实践性的开发。要真正实现这一改变,就需要深刻理解人是如何学习的,进而回归到学习的本质。纵观人类社会，无论是思想发展史、社会进步史，还是科学发现史、技术革新史，无一不是在不断发现新问题中解决问题，又在解决问题中发现新的问题；而对于每一个独立的个体来讲，都是在不断地自我追问中寻找到自己的精神家园。所以，回归对问题的探求，并在这个过程中找回自己应有的智慧，应是学习的本意。

第二，学习方式改变——问题化学习，注重批判性思维的培养。从以讲授为中心转变为以学习为中心的课堂，中间的桥梁是"问题化学习"。"问题化学习"让我们看到，所有的教学必须以学生学习为主线去设计，必须让学生真实的学习过程能够发生并且展开，需要在教学中强调问题化学习。以真实的问题形成问题链、问题矩阵，就是试图让孩子在学习中，在对问题的追寻中，慢慢形成一个知识结构——从低结构到高结构，从本学科的结构到跨学科的结构，从知识到真实的世界。在问题化学习的过程中，以认知建构的方式去重组问题、重组内容，让学生在问题与问题的联系中，在综合地带和边缘地带，进行知识的碰撞，进行知识与知识之间的联系。这就是问题化学习方式极具价值之处。

同时，问题化与情景化是紧密联系的，问题往往产生于情景。真实的生活情景在以核心素养为本的教学中具有重要价值。如果学生在学校学到的知识与现实生活建立不起联系，那么很重要的原因就是，学校教学活动所应依存的情景缺失。情景是学生核心素养培育的途径和方法，是核心素养实现的现实基础。知识是素养的媒介和手段，知识转化为素养的重要途径是情景。如果脱离情景，知识就只剩下符号，知识的应用和知识蕴含的文化精神就无从谈起。

第三，教学模式的变革——"活动课程"，注重思维内容的社会性。在教学中，要大力倡导和精心设计学科活动。学生的学科能力和学科素养是在相应的学科活动中形成和发展的。学科活动的目的是让学习者的亲身经历与学科知识建立联系。学科活动要体现经验性，让学生通过经验的获得来重构知识；要体现主体性，尊重学生的主动精神，让学生成为活动的主体，而不是"被活动"；要体现校本性，应该结合不同区域和环境的特点选择资源和组织活动；要精心设计活动，充分体现活动的教育性，在核心素养的目标下，结合学科内容和特点设计活动。

第四，课程规划——学科和跨学科课程，注重思维能力的融汇性。落实核心素养，从学校的课程规划角度，要完成两种课程的设计：一是学科课程，二是跨学科课程（即综合性课程）。学科课程是基于学科的逻辑体系开发的，目的是要让学生掌握学科知识的间接经验。跨学科课程是学生获得直接经验的过程，它关注的是学生面对真实世界时的真实体验和直接经验，是以社会生活统合和调动已学的书本知识。它有利于学生获得对世界完整的认识，有利于培养学生的创新精神和解决实际问题的能力。两种课程的主要学习方式也各有特点，后者是以探究性学习方式为主导的。两种学习交互在一起，才能够实现让教育和学习回归生活，才能体现学生学习的全部社会意义。也许可以这样说，所有以核心素养为指向的教学，需要通过学习者间接经验学习和直接经验学习的交互才能实现。因此，当前学校完善两种课程的设计就极为重要。

（张雪莲）

参考文献

一、著作类

胡锦涛：《坚定不移沿着中国特色社会主义道路前进　为全面建成小康社会而奋斗——在中国共产党第十八次全国代表大会上的报告》，人民出版社2012年版。

习近平：《决胜全面建成小康社会　夺取新时代中国特色社会主义伟大胜利——在中国共产党第十九次全国代表大会上的报告》，人民出版社2017年版。

中共中央宣传部编：《习近平新时代中国特色社会主义思想三十讲》，学习出版社2018年版。

钱学森主编：《关于思维科学》，上海人民出版社1986年版。

钱学森等：《论系统工程》，湖南科学技术出版社1982年版。

钱学森：《钱学森讲谈录：哲学、科学、艺术》（增订本），九州出版社2013年版。

钱学森：《论人体科学与现代科技》，上海交通大学出版社1998年版。

钱学森、戴汝为：《论信息空间的大成智慧——思维科学、文学艺术与信息网络的交融》，上海交通大学出版社2007年版。

李佩、郑哲敏主编：《钱学森科学和教育思想研究文集》，上海交通大学出版社2014年版。

上海交通大学钱学森研究中心编：《集大成　得智慧——钱学森谈教育》（第二版），上海交通大学出版社2015年版。

北京大学现代科学与哲学研究中心编:《钱学森与现代科学技术》,人民出版社 2001 年版。

赵泽宗编著:《钱学森教育思想及其探索与实践》,清华大学出版社 2014年版。

赵光武主编:《思维科学研究》,中国人民大学出版社 1999 年版。

陈华新主编:《集大成 得智慧——钱学森谈教育》,上海交通大学出版社 2007 年版。

卢明森、鲍世行编:《钱学森论大成智慧》,清华大学出版社 2014 年版。

卢明森编:《钱学森思维科学思想》,科学出版社 2012 年版。

冯国瑞:《思维科学与马克思主义哲学刍论》,中国社会科学出版社 2016年版。

上海交通大学编:《钱学森研究》,上海交通大学出版社 2013 年版。

《钱学森书信选》编辑组编:《钱学森书信选》(上、下卷),国防工业出版社 2008 年版。

涂元季主编:《钱学森书信》(1—10 卷),国防工业出版社 2007 年版。

张光鉴等:《相似论》,江苏科学技术出版社 1992 年版。

张光鉴等编著:《科学教育与相似论》,江苏科学技术出版社 2000 年版。

张光鉴、张铁声:《相似论与悖论研究》,香港天马图书有限公司 2000年版。

戴汝为:《社会智能科学》,上海交通大学出版社 2007 年版。

高万同:《相似与互构——感悟语文的本然》,中国矿业大学出版社 2011年版。

夏甄陶主编:《认识发生论》,人民出版社 1991 年版。

周德藩主编:《苏南教育现代化》,江苏教育出版社 2003 年版。

杨作龙主编:《递系相似诱导教学模式》,陕西科学技术出版社 1998 年版。

杨淑芝等:《实用相似语言学:英语教学捷径》,陕西科学技术出版社 2002年版。

杨淑芝等：《教师教育的相似理论与实践》，中国戏剧出版社 2006 年版。

张育铭等编著：《创造性思维理论与应用》，山西春秋电子音像出版社 2011 年版。

李保均：《相似论的文学实证及研究》，四川大学出版社 2016 年版。

刘茂才：《中介论与相似论》，四川人民出版社 1996 年版。

陈志良：《思维的建构和反思——重新理解马克思主义认识论》，北京师范大学出版社 2017 年版。

欧阳康：《社会认识论导论——探索人类社会的自我认识之谜》，北京师范大学出版社 2017 年版。

欧阳康：《马克思主义认识论研究》，北京师范大学出版社 2017 年版。

顾明远：《中国教育的文化基础》，山西教育出版社 2004 年版。

王红兵：《从幼儿园到清华园》，学苑出版社 2011 年版。

[德] 马丁·海德格尔：《存在与时间》（修订译本），陈嘉映、王庆节译，生活·读书·新知三联书店 2014 年版。

[德] 埃德蒙德·胡塞尔：《胡塞尔文集：共主观性的现象学》（全三卷），王炳文译，商务印书馆 2018 年版。

[奥] 西格蒙德·弗洛伊德：《梦的解析》，赖其万、符传孝译，作家出版社 1986 年版。

[瑞士] 让·皮亚杰：《教育科学与儿童心理学》，杜一雄、钱心婷译，教育科学出版社 2018 年版。

[英] E.H. 冈布里希：《艺术与错觉：图画再现的心理学研究》，林夕等译，浙江摄影出版社 1987 年版。

[美] 赫伯特·西蒙：《人类活动中的理性》，胡怀国、冯科译，广西师范大学出版社 2016 年版。

二、报刊类

钱学森：《自然辩证法、思维科学和人的潜力》，《哲学研究》1980 年第 4 期。

钱学森：《系统科学、思维科学与人体科学》，《自然杂志》1981 年第 1 期。

钱学森：《再谈开放的复杂巨系统》，《模式识别与人工智能》1991 年第 1 期。

钱学森：《关于思维科学》，《自然杂志》1983 年第 8 期。

钱学森、于景元、戴汝为：《一个科学新领域——开放的复杂巨系统及其方法论》，《自然杂志》1990 年第 1 期。

戴汝为：《"人机结合"的大成智慧》，《模式识别与人工智能》1994 年第 3 期。

钱学敏：《论钱学森的大成智慧学》，《中国工程科学》2002 年第 3 期。

钱学敏：《钱学森对大成智慧学的探索——纪念钱学森百年诞辰》，《科学学研究》2012 年第 1 期。

赵永新：《儿子眼中的钱学森：年轻时工作忙没顾上我》，《人民日报》2009 年 12 月 10 日。

沈正赋等：《让我们直面"钱学森之问"》，《新安晚报》2009 年 11 月 11 日。

涂元季、顾吉环、李明：《钱学森的最后一次系统谈话：谈科技创新人才的培养问题》，《人民日报》2009 年 11 月 5 日。

余华东：《论思维研究的使命——关于思维研究的重要性、复杂性和道路》，《北京市政法管理干部学院学报》2003 年第 2 期。

孙涤：《超越经济理性的人际合作——序〈超越经济人〉》，《书屋》2013 年第 10 期。

吴锡英：《相似、创新与成组技术》，《成组技术与生产现代化》1999 年第 1 期。

吴铭：《从"世界上没有两片相同的树叶"说起》，《解放军报》2017 年 6 月 23 日。

责任编辑：姜　虹
封面设计：徐　晖
版式设计：杜维伟

图书在版编目（CIP）数据

钱学森与相似论研究访谈／刘晓丽　等　著 . —北京：人民出版社，2020.6
ISBN 978 - 7 - 01 - 021672 - 0

I. ①钱… II. ①刘… III. ①钱学森（1911—2009）- 相似 - 思维科学 - 思想评论
    IV. ① K826.16 ② B80

中国版本图书馆 CIP 数据核字（2019）第 287223 号

钱学森与相似论研究访谈
QIAN XUESEN YU XIANGSILUN YANJIU FANGTAN

刘晓丽　等　著

人民大版社 出版发行
（100706　北京市东城区隆福寺街 99 号）

北京中科印刷有限公司印刷　新华书店经销

2020 年 6 月第 1 版　2020 年 6 月北京第 1 次印刷
开本：710 毫米 ×1000 毫米 1/16　印张：16.5
字数：221 千字

ISBN 978 - 7 - 01 - 021672 - 0　定价：65.00 元

邮购地址 100706　北京市东城区隆福寺街 99 号
人民东方图书销售中心　电话：（010）65250042　65289539